财务管理与审计研究

郭晓光　彭小慧　李会平　著

哈尔滨出版社
HARBIN PUBLISHING HOUSE

图书在版编目（CIP）数据

财务管理与审计研究 / 郭晓光 , 彭小慧 , 李会平著 .
哈尔滨 : 哈尔滨出版社 , 2024.8. -- ISBN 978-7-5484-
8075-4

Ⅰ . F2

中国国家版本馆 CIP 数据核字第 2024DG2569 号

书　　名：**财务管理与审计研究**
CAIWU GUANLI YU SHENJI YANJIU

作　　者：郭晓光　彭小慧　李会平　著
责任编辑：张艳鑫
封面设计：阿　苏

出版发行：哈尔滨出版社（Harbin Publishing House）
社　　址：哈尔滨市香坊区泰山路82-9 号　　邮编：150090
经　　销：全国新华书店
印　　刷：廊坊市海涛印刷有限公司
网　　址：www.hrbcbs.com
E-m a i l：hrbcbs@yeah.net
编辑版权热线：(0451)87900271　 87900272

开　　本：787mm × 1092mm　1/16　 印张：12.5　 字数：210千字
版　　次：2024 年 8 月第 1 版
印　　次：2025 年 1 月第 1 次印刷
书　　号：ISBN 978-7-5484-8075-4
定　　价：78.00 元

前　言

　　随着经济的快速发展，财务管理和审计工作在企业或组织中的重要性日益突显。财务管理是企业或组织生存和发展的关键因素，而审计工作则是保证财务管理质量的必要手段。因此，对于企业和组织而言，深入研究财务管理与审计问题，提高财务管理的规范性和审计工作的有效性，具有重要的现实意义和长远意义。

　　财务管理是企业资金流动和财务状况的管理，它包括预算、筹资、投资、利润分配等方面。在现代企业管理中，财务管理的作用越来越重要。有效的财务管理可以帮助企业实现财务资源的优化配置、降低成本、提高经济效益。首先，财务管理需要制定合理的预算，以保证企业的资金得到合理使用。预算的制定需要考虑企业的经营目标、市场环境、竞争状况等因素，并需要进行严格的审批和监督。同时，财务管理还需要关注筹资和投资活动，选择合适的融资渠道和投资项目，以实现企业的财务目标。其次，财务管理还需要进行财务报告和分析，以评估企业的财务状况和经营成果。财务报告需要准确、及时地反映企业的财务状况和经营成果，以便管理层做出决策。财务分析则需要通过对财务数据的分析，发现企业存在的问题和潜在的风险，并提出相应的解决方案。

　　审计是企业内部控制的重要组成部分，它是对企业的财务报告和其他经济活动进行独立的检查和评估，以确认其真实性和合规性。审计的目的是提高企业的内部控制水平，保护投资者和债权人的利益，促进企业的健康发展。

　　财务管理和审计是企业管理的两个重要组成部分，它们在企业的经营和发展中起着至关重要的作用。有效的财务管理可以提高企业的经济效益，而准确的审计结果可以为财务管理提供反馈和建议，促进财务管理水平的提高。因此，企业应该重视财务管理和审计工作，建立完善的内部控制体系，以确保企业的健康发展和持续增长。

本书的研究目的在于深入探讨财务管理与审计的理论和实践问题，为企业管理者和审计人员提供有益的参考和启示。我们将通过系统分析财务管理和审计的基本理论、方法、实践经验及最新的研究成果，对财务管理和审计领域的关键问题进行深入剖析，以期为企业或组织的财务管理和审计工作提供新的思路和方法。

本书的研究意义在于为企业或组织的财务管理和审计工作提供理论支持和实践指导，帮助企业管理者和审计人员更好地理解和应对财务管理和审计领域的挑战和问题，提高企业的财务管理水平和审计工作的质量，从而促进企业的可持续发展和长期竞争力。

本书由郭晓光（萝北县政府投资审计服务中心）、彭小慧（曹妃甸控股集团有限公司）、李会平（河北省自然资源信息中心）共同撰写。

本书围绕"财务管理与审计"这一主题，由浅入深地阐述了财务管理的相关内容及财务工作的组织，系统地论述了企业财务审计的内涵与程序，深入探究了销售、收款、凭证、账簿的审计，资产类账户的审计，负债类账户的审计，所有者权益类账户审计，损益类账户的审计，成本类账户的审计，审计工作底稿与审计报告。本书内容翔实、条理清晰、逻辑合理，兼具理论性与实践性，适用于从事财务管理与审计工作的专业人员。

目　录

第一章　财务管理总论

第一节　财务管理的目标

一、财务管理概述

(一)财务管理的定义

财务管理是企业管理中的关键部分,它涉及企业资金的筹集、使用和分配。它主要关注的是如何最有效地利用资源,以实现公司的财务目标,同时保持其在竞争市场中的地位。

(二)财务管理的原则

1.资本结构优化原则

(1)资本结构

资本结构,即企业长期债务和权益资本的组合方式,其合理性和有效性直接影响企业的盈利能力和风险控制能力。本节将从不同角度解析资本结构的重要性及其对企业的影响。

①资本结构与企业盈利

合理的资本结构能有效地提升企业的盈利能力。权益资本由于其无须支付固定的利息或租金,因此能为企业提供稳定的回报;而债务资本则能为企业提供快速的资金流入,帮助企业抓住市场机遇。通过合理搭配权益和债务,企业可以找到最佳的资本结构,从而实现盈利最大化。

②资本结构与风险控制

资本结构也是企业风险控制的关键因素。过高的债务资本会导致企业面临较高的财务风险,而过于依赖权益资本则可能使企业在市场波动时面临严重的流动性风险。因此,合理的资本结构需要平衡风险和回报,既要保证企业的稳定发展，又要抓住市场机遇。

③资本结构与企业价值

企业的价值取决于其未来的盈利能力，而合理的资本结构有助于提升企业的价值。当企业拥有良好的资本结构时，其资产流动性、盈利能力及市场信心都会得到提升，进而增加企业的市场价值。反之，不合理的资本结构可能导致企业陷入财务困境，降低其市场价值。

(2) 资本结构优化原则的体现

在企业的运营中，财务管理起着至关重要的作用。资本结构优化原则，是财务管理的一项核心原则，它旨在通过合理的资本结构，使企业的利益最大化。资本结构优化原则主要体现在以下四个方面：

①合理配置权益资本与债务资本

权益资本和债务资本是企业资本的两种主要形式，它们各自具有不同的特点和风险。权益资本提供企业自主权，但风险较高；而债务资本则提供固定的利息收入，风险相对较低。因此，在资本结构优化中，我们需要根据企业的实际情况，合理配置这两种资本形式，以实现风险和收益的最佳平衡。

②动态调整资本结构

市场环境是不断变化的，企业的资本结构也应随之进行调整。这就要求我们具备敏锐的市场洞察力，以及快速响应的能力。企业需要根据市场环境的变化，以及自身的战略目标，动态调整其资本结构，以应对各种市场风险，同时抓住各种投资机会。

③权衡成本与收益

在资本结构优化的过程中，我们需要权衡各种成本和收益。这意味着我们需要充分考虑负债带来的利息费用、财务风险等成本，同时也需要充分考虑债务融资带来的税收优惠、灵活性增加等收益。只有在权衡各种因素后，我们才能找到最适合企业的资本结构。

④充分考虑流动性风险

流动性风险是企业在运营过程中可能会面临的一种风险。为了应对这种风险，企业需要在资本结构中考虑到足够的流动性，以便在需要时能够迅速变现。同时，合理的债务期限结构也是降低流动性风险的重要手段。

总的来说，资本结构优化原则是财务管理的一项重要原则，它要求我们在保证企业利益最大化的同时，也要考虑到各种风险因素。只有合理配置权益资本与债务资本、动态调整资本结构、权衡成本与收益、充分考虑流动性风险等因素，才能实现真正的资本结构优化。

在实际操作中，我们可以通过建立科学的风险评估体系、引入专业的财务顾问、定期进行财务分析等方式，来提高我们的资本结构优化能力。同时，我们也需要不断地学习和积累经验，以应对不断变化的市场环境。只有这样，我们才能在财务管理的道路上越走越稳，实现企业的长期稳健发展。

2. 资源有效配置原则

资源配置是经济学的核心概念之一，它是指将各种资源（如人力、物力、财力、信息等）分配给不同的部门、地区、企业或个人，以满足社会需求的过程。这个过程是动态的，需要根据市场变化和环境变化不断进行调整和优化。资源配置是经济运行的关键因素，它涉及资源的分配、市场机制的运行、社会公平等多个方面。为了实现更好的经济运行效果，我们需要遵循市场规律，发挥市场在资源配置中的决定性作用；优化政策环境，提高资源配置的效率；创新驱动，提高资源配置的灵活性；同时加强国际合作，实现资源共享。这些措施不仅可以促进经济的发展，还可以提高社会的整体福利水平和社会公平。

资源有效配置原则是财务管理的重要理念，它主张通过合理分配和使用资源，实现企业的最大价值。资源有效配置原则的核心理念在于，企业在制定财务决策时，应当根据企业目标以及内外部环境，合理分配和使用各种资源。这个原则包含以下四个关键的方面：目标明确、成本效益分析、长期规划及风险管理。

首先，目标明确是资源有效配置的基础。每个企业都有其特定的目标，财务管理者应当以此为目标，根据企业的实际情况和市场需求，合理配置和使用资源。其次，成本效益分析是资源有效配置的关键步骤。在做出任何财务决策之前，都需要进行全面的成本效益分析，确保决策带来的收益大于其成本。再者，长期规划也是资源有效配置的重要一环。财务管理者需要从长远的角度考虑问题，确保资源的配置和使用能够支持企业的长期发展。最后，风险管理也是资源有效配置的重要环节，财务管理者需要时刻关注市场变化和风险因素，确保企业能够应对可能出现的风险和挑战。

资源有效配置原则的应用，有助于提高企业的效率和盈利能力。首先，它可以帮助企业优化资源配置，减少不必要的浪费。其次，它有助于提高企业的风险应对能力，使企业在面对市场变化和挑战时能够更加从容。最后，它还可以帮助企业实现可持续发展，确保企业能够长期保持竞争力。

总的来说，资源有效配置原则是财务管理的基本原则，它要求财务管理者在进行财务决策时，始终以企业的目标为导向，进行全面的成本效益分析，制定长期的规划，并时刻关注风险因素。只有遵循这一原则，企业才能在竞争激烈的市场环境中立于不败之地。同时，这一原则也提醒我们，财务管理不仅仅是数字和报表，更是关乎企业未来发展的重要决策。只有真正理解和贯彻资源有效配置原则，企业才能在财务管理上达到更高的水平。

3. 现金收支平衡原则

现金流量是财务管理的另一个重要方面，它决定了公司在特定时期内可以用于投资的资金数量。为了维持良好的现金流量，财务管理必须确保公司的收入和支出平衡。

现金收支平衡原则强调企业在运营过程中，应保持稳定的现金流入与流出，以确保企业的财务健康和可持续发展。

现金既是企业运营的血液，也是企业生存和发展的基础。在财务管理中，现金流量是一个关键指标，它反映了企业在一定时期内（通常为一个月、一个季度或一年）现金流入和流出的净额。如果现金流入和流出不平衡，企业就可能面临资金短缺、财务危机甚至破产的风险。因此，现金收支平衡原则对于企业的生存和发展至关重要。

财务管理中的现金收支平衡原则对于企业的生存和发展至关重要。实现现金收支平衡需要企业采取一系列的方法，包括合理预测现金流入和流出、优化资金配置、强化内部控制及合理利用金融工具等。实践案例表明，实施这些措施，企业可以显著改善财务状况，实现可持续发展。因此，企业应将现金收支平衡原则贯穿财务管理全过程，以确保企业的财务健康和可持续发展。

4. 成本效益最优原则

财务管理是企业管理的重要组成部分，它涉及企业的资金流动、投资决策、成本控制等多个方面。其中，成本效益最优化原则是财务管理的基本原则之一，它强调企业在财务管理过程中要合理分配资源，以最小的成本获得最大的效益。

（1）成本效益最优化原则的含义

成本效益最优化原则是指企业在财务管理过程中，要合理分配资源，以最小的成本获得最大的效益。这意味着企业在财务管理中要注重节约成本、提高效益，同时也要注重资源的合理利用，避免浪费。这一原则要求企业在进行财务管理时，不仅要考虑财务成本，还要考虑非财务成本，如人力资源、时间成本等。

成本效益最优化原则强调了如何在财务管理中平衡成本和效益。这意味着要分析各种可能的决策或行动，并评估它们的成本和可能带来的收益。这一原则旨在确保公司以最低的成本实现最大的收益，从而提高其整体财务绩效。

（2）成本效益最优化原则的重要性

①提高企业竞争力。在竞争激烈的市场环境中，企业要想取得竞争优势，必须注重成本控制和效益提高。通过实施成本效益最优化原则，企业可以降低成本，提高产品质量和服务水平，从而增强市场竞争力。

②促进企业发展。成本效益最优化原则不仅关注企业的短期利益，还注重企业的长期发展。通过合理分配资源，企业可以制定出更加科学、可持续的发展战略，从而促进企业的长期发展。

（3）实现成本效益最优化原则的策略

①制定合理的预算。制定合理的预算是实现成本效益最优化原则的基础。企业应该根据自身的经营状况和市场环境，制定出科学、合理的预算方案，确保预算的准确性和可行性。

②优化采购管理。采购是企业成本控制的重要环节。企业应该注重供应商的选择和管理，建立科学的采购流程和标准，确保采购物资的质量和价格符合企业的需求。

③提高生产效率。生产效率是成本控制的关键因素之一。企业应该注重生产技术的创新和生产流程的优化，提高生产的效率和质量，降低生产成本。

④强化财务管理。财务管理是企业实现成本效益最优化原则的重要手

段。企业应该建立健全的财务管理体系，加强财务监管和控制，确保财务数据的准确性和真实性，为企业决策提供有力的支持。通过实施制定合理的预算、优化采购管理、提高生产效率、强化财务管理等措施，企业可以实现成本效益最优化原则，提高企业竞争力，促进企业发展。

5. 收益风险均衡原则

在企业的运营过程中，财务管理是一个至关重要的环节。其中，收益风险均衡原则是财务管理的重要原则之一，它对于企业在追求利润的同时控制和管理风险起着关键的作用。

（1）收益风险均衡原则的基本概念

收益风险均衡原则，是指企业在追求经济利益的同时，必须权衡各种可能的风险，并采取相应的措施来控制和管理风险。这一原则强调的是在追求收益的过程中，企业需要充分考虑可能带来的风险，并采取相应的策略来平衡收益和风险的关系。

（2）应用收益风险均衡原则的策略

①制订合理的财务计划。根据企业的经营状况和财务状况，制订合理的财务计划，包括收入、支出、利润等方面的预测。在制订财务计划时，应充分考虑可能的风险因素，并制定相应的应对策略。

②优化投资组合。企业在进行投资时，应充分考虑各种投资方式的收益和风险，选择最优的投资组合。通过分散投资，企业可以有效降低单一投资方式的风险，提高整体的投资收益。

③建立健全的风险管理体系。企业应建立健全的风险管理体系，包括风险识别、风险评估、风险应对等方面的机制。通过有效的风险管理，企业可以在面对风险时，做出快速、准确的决策，降低风险对企业的影响。

④实施稳健的财务管理策略。企业应实施稳健的财务管理策略，包括财务预算、财务控制、财务分析等方面的管理。通过这些措施，企业可以有效地控制财务风险，保证企业的稳健发展。

（3）收益风险均衡原则的实际效果

通过遵循收益风险均衡原则，企业可以在追求经济利益的同时，有效控制和管理风险。这一原则的应用可以使企业在市场竞争中保持稳定的发展态势，增强企业的核心竞争力。同时，收益风险均衡原则也可以帮助企业建立良好的信誉，吸引更多的合作伙伴和投资方。

总之，收益风险均衡原则是财务管理的基础原则之一，它强调企业在追求经济利益的同时，必须充分考虑潜在的风险因素，并采取相应的措施来平衡收益和风险的关系。在实际操作中，企业应制订合理的财务计划、优化投资组合、建立健全的风险管理体系、实施稳健的财务管理策略等来贯彻这一原则。只有这样，企业才能在市场竞争中保持稳健的发展态势，实现持续的经济增长。

6. 分级授权管理原则

分级授权管理原则是指在企业内部，财务管理应实行分层、分级的授权管理制度。这一原则有助于明确各层级、各岗位的职责和权限，确保财务管理的规范化和高效化。

首先，企业应制定明确的授权标准，明确各级别、各岗位的权限和职责。其次，企业应建立有效的授权审批机制，确保各级别、各岗位的授权审批符合企业的管理要求和风险控制标准。最后，企业应建立内部审计机制，定期对授权管理制度的执行情况进行检查和评估，以确保其合规性和有效性。

7. 利益关系协调原则

财务管理作为企业管理的重要组成部分，其基本原则之一就是利益关系协调原则。这一原则旨在通过合理分配财务利益，平衡各方面的利益关系，促进企业的稳定发展。

(1) 利益关系的内涵

在财务管理中，利益关系涵盖企业与股东、债权人、员工、供应商、客户等多个方面的关系。这些利益相关者对企业的财务状况和未来发展具有重要影响，因此需要得到合理的利益分配和保护。利益关系的协调是财务管理的重要任务之一，直接影响着企业的生存和发展。

(2) 利益关系协调原则的重要性

利益关系协调原则是指企业在处理与各方利益相关者（如股东、债权人、员工、政府等）的关系时，应遵循公平、公正、公开的原则，确保企业的利益得到合理分配。

利益关系协调原则对于企业的稳定发展至关重要。首先，合理的利益分配可以增强各方对企业的信任和支持，有利于企业获得更广泛的资源和支持。其次，有效的利益关系协调可以降低企业内部的矛盾和冲突，提高企业运营效率。最后，良好的利益关系可以促进各方共同参与企业决策，为企业的长期发展提供有力保障。

（3）利益关系协调原则的实施策略

①建立健全的财务管理制度。建立健全的财务管理制度是实施利益关系协调原则的基础，有助于规范企业的财务行为，保障各方利益。

②制定合理的财务政策。应根据各方的利益需求，制定符合各方利益的财务政策，避免财务冲突和矛盾。

③加强信息沟通与反馈。企业应加强与各方的信息沟通与反馈，及时了解各方的利益诉求，并做出相应的调整。

④建立风险防范机制。建立风险防范机制，可以有效应对利益冲突和危机，保护各方的合法权益。

利益关系协调原则是财务管理的基本原则之一，对于企业的稳定发展具有至关重要的作用。企业应通过建立健全的财务管理制度，制定合理的财务政策，加强信息沟通与反馈，建立风险防范机制来实施这一原则。通过对成功案例的分析，我们可以看到利益关系协调原则对于企业发展和社会经济的贡献。在未来，企业应更加重视利益关系的协调，以实现可持续发展和共赢。

财务管理是一个复杂且至关重要的领域，它涉及企业的资金流动和决策制定。遵循上述原则，企业可以更好地管理其财务状况，优化资源配置，确保现金流量平衡，并最大化效益。这些原则不仅有助于提高企业的财务绩效，还有助于增强其市场竞争力并实现长期财务目标。

（三）财务管理与其他学科的关系

财务管理作为一门综合性较强的学科，与其他许多学科都有着密切的联系。

1. 财务管理与经济学

经济学是研究经济活动和现象的学科，它为财务管理提供了许多重要的理论基础。例如，经济学中的供需理论、市场机制、价格机制等概念，为

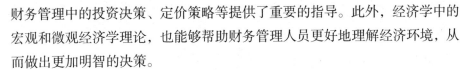

财务管理中的投资决策、定价策略等提供了重要的指导。此外，经济学中的宏观和微观经济学理论，也能够帮助财务管理人员更好地理解经济环境，从而做出更加明智的决策。

2. 财务管理与会计学

财务管理和会计学是密不可分的两门学科。会计学主要关注企业的财务状况和经营成果，提供有关企业财务状况的信息；而财务管理则更加注重如何利用这些信息进行决策和管理。因此，会计学为财务管理提供了重要的数据来源和信息基础，而财务管理则通过分析这些数据和信息，为企业提供更加精确的财务决策支持。

3. 财务管理与金融学

金融学是研究货币、资本和金融市场的一门学科，它为财务管理提供了许多重要的理论基础和实践经验。例如，金融学中的风险管理、投资组合理论、资本资产定价模型等，为财务管理中的投资决策、风险管理等提供了重要的指导。此外，金融学中的筹资方式、资本结构等概念，也与财务管理中的筹资决策密切相关。

4. 财务管理与信息技术

信息技术的发展为财务管理带来了许多新的机遇和挑战。信息技术具有更加精确、快速的数据处理和分析能力，从而为财务管理提供了更加科学、准确的决策支持。例如，财务软件、云计算、大数据分析等技术的应用，能够帮助财务管理人员更好地进行财务分析、预测、决策等，提高企业的财务管理水平和效率。

5. 财务管理与社会学

财务管理作为企业管理和决策的重要组成部分，与社会学也有着密切的联系。社会学关注社会结构、文化、价值观等对人类行为和决策的影响，它为财务管理提供了更加全面、深入的视角。例如，社会学中的道德伦理、法律法规等概念，对财务管理中的道德风险、合规性等问题有着重要的指导意义。此外，社会学中的公众舆论、文化背景等也对财务管理人员的决策产生着影响，需要财务管理人员充分考虑这些因素。

综上所述，财务管理作为一门综合性较强的学科，与其他许多学科都有着密切的联系。从经济学、会计学、金融学到信息技术，再到社会学，这些学科都为财务管理提供了重要的理论基础和实践经验，帮助财务管理人员更好地理解和应用财务管理的知识。同时，这些学科之间的交叉和融合也为财务管理带来了新的机遇和挑战，需要财务管理人员不断学习和探索，以适应不断变化的市场环境和经济形势。

二、财务管理目标的定义

财务管理目标又称理财目标，是指企业进行财务活动所要达到的根本目的，它决定着企业财务管理的基本方向。财务管理目标是一切财务活动的出发点和归宿，是评价企业理财活动是否合理的基本标准。财务管理目标也是企业经营目标在财务上的集中和概括，是企业一切理财活动的出发点和归宿。

三、财务管理目标的特征

财务管理目标是企业财务管理活动的核心，它决定了企业财务管理的方向和重点。一个合理的财务管理目标能促进企业的长期发展。

(一)财务管理目标具有相对稳定性

财务管理目标的相对稳定性是指其与企业的发展战略、组织形式、业务模式等密切相关，不会轻易改变。这是因为财务管理目标是企业战略的重要组成部分，它需要与企业的发展战略相匹配，以支持企业实现长期发展目标。同时，财务管理目标的相对稳定性也有利于企业财务管理的稳定性和连续性，有助于企业积累财务资源，提高财务管理水平。

(二)财务管理目标具有可操作性

财务管理目标的可操作性是指其能够被有效地执行和实现。为了实现这一目标，财务管理目标需要具备明确、具体、可衡量、可达成、有时间限制等特征。同时，财务管理目标还需要与企业的发展战略、业务模式等相结合，以实现财务与业务的协同发展。此外，财务管理目标的制定还需要考虑企业的实际情况和资源状况，以确保目标的可行性和可操作性。

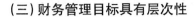

(三) 财务管理目标具有层次性

财务管理目标的层次性是指其由多个具体目标组成，这些具体目标之间相互关联、相互影响，形成一个有机的整体。一般来说，财务管理目标可以分为总体目标、部门目标和岗位目标三个层次。总体目标是整个企业财务管理的总目标，它需要根据企业的战略目标和市场环境来确定；部门目标是各部门为实现总体目标而设定的具体目标，它需要与企业的业务模式和部门职责相结合；岗位目标是每个岗位为实现部门目标而设定的具体工作要求，它需要与岗位职责和工作内容相匹配。

总之，财务管理目标的特征是相对稳定性、可操作性和层次性。这些特征使财务管理目标能够更好地服务于企业的长期发展，推动企业财务管理的不断发展和完善。在实际工作中，我们需要根据企业的实际情况和发展战略，合理设定财务管理目标，以确保其可行性和可操作性。同时，我们还需要关注财务管理目标的层次性，确保各个层次的目标之间相互关联、相互影响，形成一个有机的整体，共同推动企业财务管理的不断发展和完善。

四、财务管理目标分析

从根本上来说，企业财务管理目标取决于企业目标，取决于特定的社会经济模式。企业财务管理目标具有体制性特征，整个社会经济体制、经济模式和企业所采用的组织制度，在很大程度上决定企业财务管理目标的取向。根据现代企业财务管理理论和实践，最具代表性的财务管理目标主要有以下四种观点。

(一) 利润最大化

利润最大化就是假定企业财务管理以实现利润最大为目标。

以利润最大化作为财务管理目标，主要原因有三：一是人类从事生产经营活动的目的是创造更多的剩余产品，在市场经济条件下，剩余产品的多少可以用利润这个指标来衡量；二是在自由竞争的资本市场中，资本的使用权最终属于获利最多的企业；三是只有每个企业都最大限度地创造利润，整个社会的财富才可能实现最大化，从而带来社会的进步和发展。

利润最大化目标的主要优点是，企业追求利润最大化，就必须讲求经济核算，加强管理，改进技术，提高劳动生产率，降低产品成本。这些措施都有利于企业资源的合理配置，有利于企业整体经济效益的提高。

但是，以利润最大化作为财务管理目标存在以下缺陷：

(1) 没有考虑利润实现时间和资金的时间价值。比如，今年100万元的利润和10年以后同等数量的利润其实际价值是不一样的，10年间还会有时间价值的增加，而且这一数值会随着贴现率的不同而有所不同。

(2) 没有考虑风险问题。不同行业具有不同的风险，同等利润值在不同行业中的意义也不相同，比如风险比较高的高科技企业和风险相对较低的制造业企业无法直接比较。

(3) 没有反映创造的利润与投入的资本之间的关系。

(4) 可能导致企业短期财务决策倾向，影响企业长远发展。由于利润指标通常按年计算，因此企业决策也往往会服务于年度指标的完成或实现。

(二) 股东财富最大化

股东财富最大化是指企业财务管理以实现股东财富最大为目标。在上市公司，股东财富是由其所拥有的股票数量和股票市场价格两个方面决定的。在股票数量一定时，股票价格达到最高，股东财富也就达到最大。

与利润最大化相比，股东财富最大化的主要优点是：

(1) 考虑了风险因素，因为通常股价会对风险做出较敏感的反应。

(2) 在一定程度上能避免企业短期行为，因为不仅目前的利润会影响股价，预期未来的利润同样会对股价产生重要影响。

(3) 对上市公司而言，股东财富最大化目标比较容易量化，便于考核和奖惩。

但是，以股东财富最大化作为财务管理目标存在以下缺点：

(1) 通常只适用于上市公司，非上市公司难以应用，因为非上市公司无法像上市公司一样随时准确地获得公司股价。

(2) 股价受众多因素影响，特别是企业外部的因素，有些还可能是非正常因素。股价不能完全准确地反映企业的财务管理状况，如有的上市公司虽处于破产的边缘，但由于可能存在某些机会，其股票市价依然走高。

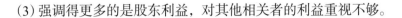

(3) 强调得更多的是股东利益，对其他相关者的利益重视不够。

(三) 企业价值最大化

企业价值最大化是指企业财务管理以实现企业价值最大为目标。企业价值可以理解为企业所有者权益和债权人权益的市场价值，或者是企业所能创造的预计未来现金流量的现值。未来现金流量这一概念，包含资金的时间价值和风险价值两个方面的因素。因为未来现金流量的预测包含不确定性和风险因素，而现金流量的现值是以资金的时间价值为基础对现金流量进行折现计算得出的。

企业价值最大化要求企业采用最优的财务政策，充分考虑资金的时间价值和风险与报酬的关系，在保证企业长期稳定发展的基础上使企业总价值达到最大。

以企业价值最大化作为财务管理目标，具有以下优点：

(1) 考虑了取得报酬的时间，并用时间价值的原理进行了计量。

(2) 考虑了风险与报酬的关系。

(3) 将企业长期、稳定的发展和持续的获利能力放在首位，能克服企业在追求利润上的短期行为，因为不仅目前的利润会影响企业价值，预期未来的利润对企业价值也会产生重大影响。

(4) 用价值代替价格，克服了外界市场因素的过多干扰，有效地规避了企业的短期行为。

但是，以企业价值最大化作为财务管理目标也存在以下问题：

(1) 企业的价值过于理论化，不易操作。尽管对于上市公司，股票价格的变动在一定程度上揭示了企业价值的变化，但股价是多种因素共同作用的结果，特别是在资本市场效率低下的情况下，股票价格很难反映企业的价值。

(2) 对于非上市公司，只有对企业进行专业的评估才能确定其价值，而在评估企业的资产时，由于受评估标准和评估方式的影响，很难做到客观、准确。

近年来，随着上市公司数量的增加，以及上市公司在国民经济中地位、作用的增强，企业价值最大化目标逐渐得到了广泛认可。

(四) 相关者利益最大化

现代企业是多边契约关系的总和，要确立科学的财务管理目标，首先就要考虑哪些利益关系会对企业发展产生影响。在市场经济中，企业的理财主体更加细化和多元化。股东作为企业所有者，在企业中承担着最大的权利、义务、风险和报酬，但是债权人、员工、企业经营者、客户、供应商和政府也为企业承担着风险。

比如：

(1) 随着举债经营的企业越来越多，以及举债比例和规模不断扩大，债权人的风险大大增加。

(2) 在社会分工日益细化的今天，简单劳动越来越少，复杂劳动越来越多，员工的再就业风险不断增加。

(3) 在现代企业制度下，职业经理人受所有者委托，作为代理人管理和经营企业，在激烈的市场竞争和复杂多变的形势下，代理人所承担的责任越来越大，风险也随之加大。

(4) 随着市场竞争和经济全球化的影响，企业与客户及企业与供应商之间不再是简单的买卖关系，更多的是长期的伙伴关系，处于一条供应链上，共同参与同其他供应链的竞争，因而也与企业共同承担一部分风险。

(5) 政府不管是作为出资人还是监管机构，都与企业各方的利益密切相关。

综上所述，企业的利益相关者不仅包括股东，还包括债权人、企业经营者、客户、供应商、员工、政府等。因此，在确定企业财务管理目标时，不能忽视这些相关利益群体的利益。

相关者利益最大化目标的具体内容包括如下八个方面：

(1) 强调风险与报酬的均衡，将风险限制在企业可以承受的范围内。

(2) 强调股东的首要地位，并强调企业与股东之间的协调关系。

(3) 强调对代理人即企业经营者的监督和控制，建立有效的激励机制以使企业战略目标顺利实施。

(4) 关心本企业普通员工的利益，创造优美和谐的工作环境并提供合理恰当的福利待遇，培养员工长期努力为企业工作。

（5）不断加强与债权人的关系，培养可靠的资金供应者。

（6）关心客户的长期利益，以保持销售收入的长期稳定增长。

（7）加强与供应商的协作，共同面对市场竞争，并注重企业形象的宣传，遵守承诺，讲究信誉。

（8）保持与政府部门的良好关系。

以相关者利益最大化作为财务管理目标，具有以下优点：

（1）有利于企业长期稳定发展。这一目标注重企业在发展过程中考虑并满足各利益相关者的利益关系。在追求长期稳定发展的过程中，站在企业的角度进行投资研究，避免只站在股东的角度进行投资可能导致的一系列问题。

（2）体现了合作共赢的价值理念，有利于实现企业经济效益和社会效益的统一。由于兼顾了企业、股东、政府、客户等的利益，企业就不仅仅是一个单纯营利的组织，还承担了一定的社会责任。企业在寻求自身发展和利益最大化的过程中，为了客户及其他利益相关者的利益，会依法经营、依法管理，正确处理各种财务关系，自觉维护并切实保障国家、集体和社会公众的合法权益。

（3）这一目标本身是一个多元化、多层次的目标体系，较好地兼顾了各利益主体的利益。这一目标可使企业各利益主体相互作用、相互协调，并在使企业利益、股东利益最大化的同时，也使其他利益相关者的利益达到最大化。也就是将企业财富这块"蛋糕"做到最大的同时，保证每个利益主体所得到的"蛋糕"更多。

（4）体现了前瞻性和现实性的统一。比如，企业作为利益相关者之一，有其一套评价指标，如未来企业报酬贴现值；股东的评价指标可以使用股票市价；债权人可以寻求风险最小、利息最大；员工可以确保工资福利；政府可考虑社会效益等。不同的利益相关者有各自的指标，只要合理合法、互利互惠、相互协调，就可以实现所有相关者利益最大化。

第二节　财务管理的环境

环境因素的变化往往表现为不确定性。企业财务管理环境，是指企业财务管理系统所面临的对财务管理系统有影响作用的一切不确定因素的总和。这些不确定因素在财务管理中必须予以关注。企业只有在财务管理环境的各种因素作用下实现财务管理活动的协调平衡，才能生存和发展，实现财务管理的目标。如果财务管理者善于研究财务管理环境，能够科学地预测环境的变化，采取有效的措施，就会对财务管理环境起到影响作用。因此，进行财务管理活动必须以财务管理环境为依据，正确地制定财务管理策略。

一、经济环境

在影响财务管理的各种外部环境中，经济环境是最为重要的。

经济环境是指影响财务管理系统的各种经济因素，主要包括经济周期、经济发展水平、经济政策和通货膨胀水平等。

(一) 经济周期

经济周期，经济发展与运行出现的波动性，包括复苏、繁荣、衰退和萧条等阶段的循环。在经济周期的不同阶段要采取相应的财务管理战略。

(二) 经济发展水平

企业财务管理的发展水平与经济发展水平是密切相关的，一般来说，经济发展水平越高，财务管理水平就越高。在经济发达国家或地区的经济生活中存在许多新的经济内容、复杂的经济关系和完善的生产方式，使财务管理的内容不断创新，并创造出越来越多的先进的财务管理方法。

(三) 经济政策

经济政策包括财税体制、金融体制、外汇体制、外贸体制、计划体制、价格体制、投资体制、社会保障制度等方面。这些方面的变化深刻地影响着企业财务管理系统的运行。例如，金融政策中货币的发行量、信贷规模都会影响企业投资的资金来源和投资的预期收益；财税政策会影响企业的资金结构和投资项目的选择等；价格政策会影响资金的投向和投资的回收期及预期收益等。

(四) 通货膨胀水平

通货膨胀对企业财务活动的影响是多方面的。主要表现在：

(1) 引起资金占用的大量增加，增加企业的资金需求。

(2) 引起企业利润虚增，企业资金由于利润分配而流失。

(3) 引起利润上升，加大企业的权益资金成本。

(4) 引起有价证券价格下降，增加企业的筹资难度。

(5) 引起资金供应紧张，增加企业的筹资困难。

为了减轻通货膨胀对企业造成的不利影响，企业应当采取措施加以防范。在通货膨胀初期，货币面临贬值的风险，这时企业进行投资可以避免风险，实现资本保值；与客户应签订长期购货合同，以减少物价上涨造成的损失；取得长期负债，保持资本成本的稳定。在通货膨胀持续期，企业可以采用比较严格的信用条件，减少企业债权；调整财务政策，防止和减少企业资本流失等。

二、法律环境

市场经济是以法律规范和市场规则为特征的制度经济。企业必须在既定的法律环境下从事经营。法律既为企业经营活动规定了活动空间，也为企业在相应空间内自由经营提供了法律上的保护。与企业经营有关的法律很多，比如合同法、税法、公司法、破产法等，在此，只对对财务管理有重要影响的企业组织形式和工商税收制度做简要叙述。

(一) 企业组织形式

设立一个企业，首先面临的问题是要采取哪种组织形式。各国的企业组织形式不完全相同，但通常有以下三类：独资企业、合伙企业和公司制企业。

(1) 独资企业。独资企业是指一人投资经营的企业，其投资者对企业债务负无限责任，具有结构简单、容易开办、限制较少等优点，但因个人财力有限、信用不足而经常面临筹资困难。

（2）合伙企业。合伙企业是指由两个或两个以上合伙人订立合伙协议，共同出资、合伙经营、共享收益、共担风险，并对合伙企业债务承担无限连带责任的营利性组织。合伙企业具有开办容易、信用较佳的优点，但也存在责任无限、权力分散、决策缓慢等缺点。

（3）公司制企业。公司制企业（以下简称公司）是指依照公司法登记设立，以其全部法人财产，依法自主经营、自负盈亏的企业法人。在我国，公司法所称公司指有限责任公司和股份有限公司，公司股东作为出资者以其出资额或所持股份为限对公司承担有限责任。

不同的组织形式对企业财务管理有重要影响。如果是独资企业，财务管理比较简单，主要是利用业主自己的资金和供应商提供的商业信用。因为信用有限，其利用借款筹资的能力亦相当有限，银行和其他人都不愿冒险借钱给独资企业。独资企业的业主要抽回资金也比较简单，无任何法律限制。

合伙企业的资金来源和信用能力比独资企业有所增加，盈余分配也更加复杂。

因此，合伙企业的财务管理要比独资企业复杂得多。

公司制企业引起的财务问题最多，公司不仅要争取获得最大利润，而且要争取让股东财富最大；公司的资金来源多种多样，筹资方式较多，需要进行认真分析和选择；盈余分配也没有独资企业与合伙企业那样简单，要考虑企业内部和外部的许多因素。

绝大多数的大型企业采用公司制。究竟是哪些因素在引导企业更多地采用公司制这一组织形式？这是一个复杂的问题，甚至连公司理论也无法解释。通常情况下，公司制企业的选择基于企业规模、潜在增长能力、再投资能力等因素。

第一，大型企业要以个人独资企业或合伙企业形式存在是非常困难的。这两个组织形式具有无限责任、有限企业寿命和产权转让困难三个重大缺陷，这些缺陷使企业难以筹集到大量资金。

第二，企业潜在的增长机会需要资金支持，同时为未来的增长需提高筹资能力，包括权益资本和债务资本。个人独资企业和合伙企业在权益资本筹资方面的能力非常有限。公司在资本市场上的筹资能力具有得天独厚的优势。

第三，公司拥有的再投资机会多。公司比合伙企业和个人独资企业更容易留存收益，更有利于再投资。

(二) 工商税收制度

国家税收制度特别是工商税收制度，是企业财务管理的重要外部条件。中华人民共和国成立后，我国经过几次较大的税制改革，形成了流转税、所得税、资源税、财产税、行为税、特定目的税等工商税收种类。

企业财务管理者应当熟悉国家税收法律法规的规定，不仅要掌握各个税种的计征范围、计征依据和税率，而且要了解差别税率的制定精神，减税、免税的原则规定，自觉地按照税法导向进行财务活动。

三、财务管理的新技术环境

随着科技的飞速发展，财务管理已经进入一个全新的技术环境。在这个环境中，大数据、人工智能、区块链和云计算等新兴技术正在重塑财务管理的面貌，为财务管理带来前所未有的挑战和机遇。

(一) 大数据：财务管理的决策新工具

大数据技术的广泛应用，使财务管理人员能够更深入地挖掘和分析数据，从而做出更明智的决策。大数据不仅提供了更丰富的数据来源，而且通过强大的数据处理和分析能力，能够揭示隐藏在数据背后的趋势和规律，帮助财务管理人员更好地理解公司的财务状况，预测未来的发展趋势，并为决策提供有力支持。

(二) 人工智能：财务管理的自动化助手

人工智能技术的应用，使财务管理可以实现部分或全部自动化。例如，财务机器人可以处理大量的重复性工作，如记录账目、生成报告等，极大地提高了工作效率。同时，人工智能还可以在风险评估、财务预测等方面发挥重要作用，为财务管理人员提供更加准确、及时的信息，帮助他们做出更明智的决策。

(三)区块链：财务数据的新信任机制

区块链技术为财务管理提供了一种全新的信任机制。通过区块链，所有的交易记录都是公开、透明且不可篡改的，这极大地提高了财务数据的可信度。区块链还可以实现去中心化的财务管理，降低成本，提高效率。未来，区块链技术有望在财务报告的验证、审计，以及资金转账等方面发挥重要作用。

(四)云计算：财务管理的未来基础

云计算为财务管理提供了强大的基础设施，使数据的存储和处理变得更加容易。通过云计算，财务管理人员可以随时随地访问数据，实现远程办公和协同工作。此外，云计算还可以实现财务数据的共享，提高数据的使用效率。未来，随着云计算技术的进一步发展，财务管理将更加便捷、高效。

总的来说，新的技术环境为财务管理带来了巨大的挑战和机遇。财务管理人员需要适应新的环境，掌握新的技能，利用新技术提高工作效率，做出更明智的决策。同时，他们也需要关注新技术可能带来的风险和挑战，如数据安全、隐私保护等问题。然而，只要把握住机遇，积极应对挑战，财务管理的前景将更加广阔。

四、金融环境

(一)金融工具

金融工具是用来证明持有人对特定资产的所有权或债权，可以简单地分为债券、股票、基金、外汇、期权、期货等。每种金融工具都代表了不同的风险和回报特性，财务管理人员可以根据自己的需求和目标选择合适的金融工具。

(二)金融市场

金融市场是资金借贷的场所，包括证券市场、外汇市场、黄金市场等。

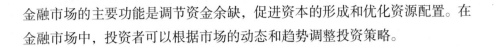

金融市场的主要功能是调节资金余缺，促进资本的形成和优化资源配置。在金融市场中，投资者可以根据市场的动态和趋势调整投资策略。

(三) 货币市场

货币市场是短期资金融通市场，主要提供期限在一年以内的短期投资机会。货币市场的主要功能是解决短期资金周转不灵的问题，比如提供高流动性的投资工具，如国库券、商业票据等。

(四) 资本市场

资本市场是长期资金融通市场，提供长期投资机会。资本市场包括股票市场、债券市场和长期投资基金等。资本市场的主要功能是引导资金从储蓄向投资转化，优化资源配置，促进经济增长。

以上四个部分构成现代金融环境的主要部分，对于财务管理人员来说，了解并适应这个环境是非常重要的。在面对复杂的投资决策时，他们需要综合考虑各种金融工具的特点、市场动态及自身的风险偏好，以制定出最合适的投资策略。同时，他们也需要对宏观经济形势、政策变化及科技进步等因素保持敏感，以便及时调整自己的投资策略。总的来说，财务管理人员需要具备全面的金融知识，以便在复杂的金融环境中做出明智的决策。

第二章　财务管理的内容

第一节　企业筹资管理

随着经济的发展和企业规模的扩大，筹资管理在企业运营中扮演着越来越重要的角色。

一、筹资概述

(一) 筹资的方式

筹资的方式主要有筹措股权资金和筹措债务资金。筹资管理的目的是满足公司资金需求、降低资金成本、增加公司的利益、降低相关风险。

(二) 筹资的分类

企业筹资可以按不同的标准进行分类。

（1）股权筹资、债务筹资及衍生工具筹资，是企业筹资方式最常见的分类方法。

股权筹资形成股权资本，是企业依法长期拥有、能够自主调配运用的资本。股权资本在企业持续经营期限内，投资者不得抽回，因而也称为企业的自由资本、主权资本或股东权益资本。股权资本是企业从事生产经营活动和偿还债务的本钱，是代表企业基本资信状况的一个主要指标。企业的股权资本通过吸收直接投资、发行股票、内部积累等方式取得。

债务筹资，是企业通过借款、发行债券、融资租赁及赊购商品或服务等方式取得的资金形成在规定期限内需要偿还的债务。

衍生工具筹资，包括兼具股权和债务特性的混合融资和其他衍生工具融资。

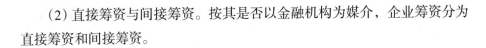

（2）直接筹资与间接筹资。按其是否以金融机构为媒介，企业筹资分为直接筹资和间接筹资。

（三）筹资的原则

（1）遵循国家法律法规，合法筹措资金——筹措合法。企业的筹资行为和筹资活动必须遵循国家的相关法律法规，依法履行法律法规和投资合同约定的责任，合法合规筹资，依法信息披露，维护各方的合法权益。

（2）分析生产经营情况，正确预测资金需要量——规模适当。企业筹集资金，要合理预测确定资金的需要量。筹资规模与资金需要量应当匹配。

（3）合理安排筹资时间，适时取得资金——筹措及时。企业筹集资金，要合理预测确定资金需要的时间，要根据资金需求的具体情况，合理安排资金的筹集时间，适时获取所需资金，使筹资与用资在时间上相衔接。

（4）了解各种筹资渠道，选择资金来源——来源经济。企业应当在考虑筹资难易程度的基础上，针对不同来源资金的成本进行分析，尽可能选择经济、可行的筹资渠道与方式，力求降低筹资成本。

（5）研究各种筹资方式，优化资本结构——结构合理。企业筹资要综合考虑股权资金与债务资金的关系、长期资金与短期资金的关系、内部筹资与外部筹资的关系，合理安排资本结构。

二、筹资管理的概念

筹资管理是企业财务管理的重要组成部分，主要是为企业提供资金来源，以满足其经营、投资和财务报告的需求。筹资管理包括确定资金需求、选择筹资渠道、制定筹资策略、谈判和执行筹资协议，以及监控和评估筹资活动的结果。

三、筹资管理的策略

（一）内部筹资策略

1.内部筹资的定义
内部筹资是指企业通过其内部自有资金进行筹资的一种方式。它包括企业生产经营所得、利润留存、折旧费用、应收账款收益，以及库存现金等多种来源。

2. 内部筹资的特点

内部筹资具有以下特点：

（1）自主性

内部筹资是企业自主决策的，企业可以根据自身的资金需求和经营状况，自主决定筹资的规模、方式和时间。这种方式无须通过外部市场进行交易，降低了交易成本，同时也减少了信息不对称带来的风险。

（2）灵活性和便利性

内部筹资是企业内部资源随时可用，不受外部市场和政策的影响，具有较高的灵活性和便利性。企业可以根据自身需要随时调整资金的使用方向，使资金配置更加高效。

（3）稳定性和可靠性

内部筹资是企业内部长期积累形成的，具有稳定的来源和可靠的保障。相比于外部筹资，内部筹资的风险较低，可以更好地保障企业的稳定发展。

（4）限制性

虽然内部筹资具有很多优点，但也存在一定的限制性。首先，企业的资金规模是有限的，无法满足无限度的资金需求。其次，企业的资金分配也需要考虑其他因素，如投资回报率、风险控制等。因此，内部筹资并不是万能的，需要结合企业的实际情况进行合理配置。

总之，内部筹资是企业重要的资金来源之一，具有自主性、灵活性和便利性等特点，但同时也存在一定的限制性。企业在进行筹资决策时，应根据自身的实际情况和资金需求，合理配置内部筹资和其他筹资方式，以达到最优的资金配置效果。

3. 企业内部筹资管理

企业内部筹资管理是企业运营的重要组成部分，它关乎企业资金的流入与流出，影响企业的盈利能力、生存能力及未来的发展潜力。接下来，我们将详细探讨企业内部筹资管理的策略规划、实践及可能面临的挑战。

（1）策略规划

首先，良好的筹资策略应当平衡企业当前与未来的资金需求。这意味着筹资活动不仅要考虑短期目标，还要考虑长期战略。筹资活动应当适应企业生命周期的不同阶段，灵活调整策略。同时，筹资决策应以降低资本成本和提高资本效率为核心目标。

（2）实践操作

①资本结构管理。资本结构是指企业负债与权益资本的比例。优化资本结构有助于降低财务风险，提高企业的市场价值。这需要定期评估企业的资本需求，调整负债和权益的比重。

②现金流管理。现金流是企业生存的关键，良好的现金流管理应包括预测、控制和优化现金流的过程。这需要建立有效的现金流预测模型，定期分析现金流状况，及时调整经营策略。

③筹资渠道选择。企业筹资渠道包括银行贷款、债券发行、股权筹资、私募股权等。选择合适的筹资渠道需要综合考虑企业的业务性质、发展阶段、筹资成本等因素。

（3）挑战与应对

企业内部筹资管理面临的挑战包括市场风险、信用风险、操作风险等。为应对这些挑战，企业应建立风险评估机制，定期评估筹资活动的风险状况，制定相应的风险应对策略。同时，企业应提高筹资活动的透明度，确保利益相关者了解筹资活动的目的、过程和结果。

总之，企业内部筹资管理是企业运营的核心之一，它涉及企业的资金流动、财务风险、战略规划等多个方面。通过制定合理的筹资策略，优化现金流管理，选择合适的筹资渠道，企业可以更好地应对各种挑战，实现可持续发展。

（二）外部筹资策略

1. 外部筹资的定义

外部筹资是指企业通过外部渠道获取所需资金的一种方式，即企业通过发行股票、债券、租赁等方式从外部筹集资金。外部筹资的特点是筹资速度快，但财务风险较大，需要承担一定的还款压力和利息负担。

2. 外部筹资的特点

（1）速度快。外部筹资通常比内部筹资速度更快，因为外部筹资不需要等待股东或内部员工投入资金，可以直接通过发行股票、债券等方式获得资金。

（2）资金量大。外部筹资可以筹集到大量的资金，以满足企业大规模发展的需求。

（3）风险高。外部筹资的风险相对较高，因为企业需要承担还款压力和利息负担，如果市场环境发生变化，会对企业的财务状况产生不利影响。

（4）灵活性高。外部筹资方式可以根据企业的需求和实际情况灵活选择，如发行股票、债券、租赁等，以满足不同阶段的资金需求。

（5）限制性条件多。外部筹资通常需要满足一定的条件和程序，如公司章程、审批程序、信息披露等，需要遵守相关法律法规和监管要求。

外部筹资是企业获取资金的重要途径之一，具有速度快、资金量大、灵活性高等特点，但同时也存在风险高、限制性条件多等缺点。企业在选择外部筹资方式时，需要综合考虑企业的实际情况和市场环境，谨慎决策。

3.外部筹资的策略

（1）股权筹资。发行股票或债券来获取资金。优点是可以获得长期稳定的资金，但也会稀释股东权益。

（2）债权筹资。借款或发行债券来获取资金。优点是借款成本通常较低，可以降低财务风险，但也可能导致短期资金压力。

（3）混合筹资。结合股权和债权筹资，以平衡资金来源的稳定性和财务风险。

外部筹资是企业发展的重要驱动力，但同时也伴随着各种风险和挑战。企业需要制定合理的筹资策略，识别和管理潜在风险，并采取有效的风险管理措施。成功的外部筹资管理需要结合财务稳健性、风险管理、战略合作、财务透明度和内部控制等多方面的因素。通过这些策略和关键因素的综合运用，企业可以更好地应对外部筹资环境的变化，实现可持续发展。

总的来说，企业外部筹资管理是一个动态的过程，需要不断调整和完善策略以适应市场变化和企业的长期发展需求。通过深入理解筹资策略、风险管理和成功关键因素，企业能够更好地驾驭外部筹资环境，实现稳健的财务表现和持续的增长。

四、短期筹资管理

短期筹资是企业日常运营中不可避免的一部分,特别是在经济不稳定或市场环境变化的情况下。短期筹资管理涉及如何有效地获取、管理和使用短期资金,以满足企业的短期财务需求。

短期筹资是指企业在需要资金时临时筹措短期资金的金融活动,主要包括临时借款、商业信用的赊欠及短期投资等方式。相比于长期筹资,短期筹资具有以下特点:

(一) 短期筹资的定义

短期筹资是指为满足单位临时性流动资金需要而进行的筹资活动。单位的短期资金一般是通过流动负债的方式取得,短期筹资也称为流动负债筹资或短期负债筹资。

(二) 短期筹资的特点

1. 筹资速度快

通常不需要经过复杂的审批流程,企业便可以在短时间内获得所需资金。例如,当企业面临突发的采购需求时,可以利用商业信用进行赊欠,迅速获得资金。这种筹资方式的速度较快,对于企业应对紧急情况非常有利。

2. 筹资弹性好

短期筹资具有高度的灵活性,企业可以根据自身的资金需求调整筹资规模和方式。在短期筹资方式中,如短期贷款、商业汇票等,企业可以根据市场条件和自身情况做出灵活选择,以满足不断变化的需求。

3. 筹资成本低

相比于长期筹资,短期筹资的成本通常较低。由于短期资金的使用时间较短,因此资金使用成本也相对较低。同时,由于短期筹资不需要长期承诺,也降低了企业的财务风险和成本。

4. 筹资风险大

短期筹资虽然具有速度快、弹性好、成本低等优点,但也存在一定的风险。首先,由于短期资金的期限短,如果企业无法按时偿还债务或满足资金需求，可能会面临信用风险和财务风险。其次，如果企业无法灵活调整筹资规模和方式，可能会面临资金链断裂的风险。因此，企业在使用短期筹资时需要谨慎评估风险和收益，制定合理的策略。

总之，短期筹资是企业应对短期流动性需求的重要手段之一。通过合理使用短期筹资方式，企业可以快速获得所需资金，降低资金成本，提高财务灵活性。但是，企业在使用短期筹资时需要注意风险控制，避免过度依赖短期资金而导致财务风险和信用风险。

（三）短期筹资的策略

短期筹资策略通常包括商业信用、短期银行贷款、商业票据和债券等。每种策略都有其优点和局限性，企业应根据自身需求和财务状况来选择最合适的策略。

（1）商业信用。通过销售产品或服务给可靠的客户，提供商业信用期，可以获得无成本或低成本的短期资金。然而，这种策略通常具有一定的限制，如对客户的信誉要求高，信用期限的长短也受到很多因素的影响。

（2）短期银行贷款。通过银行获取短期贷款，是一种较为常见和可靠的短期筹资方式。然而，由于贷款的审批和放款时间受限于银行政策和其他因素，其不是最快速的筹资方式。

（3）商业票据和债券。这些筹资工具需要定期支付利息，但通常提供比贷款更高的回报率。然而，它们的发行和使用通常需要经过复杂的法律和监管程序。

（四）短期筹资的方法

选择筹资策略后，企业还需要考虑具体的筹资方法。这些方法包括直接从投资者或金融机构获取资金，或通过金融市场融资。以下是三种常用的短期筹资方法：

（1）商业承兑汇票。商业承兑汇票是企业之间的一种短期融资工具，它可以用于支付货款或补充流动资金。

（2）发行债券。如果符合相关法规和条件，企业可以通过发行债券来获取资金。

（3）回购股票。企业可以通过回购股票来增加每股盈利，并传递给投资者以增加其对公司未来发展的信心。

短期筹资管理是企业财务管理的重要组成部分。企业应根据自身的需求和财务状况，选择合适的短期筹资策略和方法。同时，企业也需要关注市场环境的变化，及时调整策略和方法以应对不确定性。此外，提高财务管理人员的专业知识和技能，以及加强风险管理，也是企业在短期筹资管理中需要考虑的重要因素。

五、长期筹资管理

（一）长期筹资的定义

长期筹资是指为满足公司未来发展、资产扩张或重组等长期资金需求而进行的筹资活动，其涉及的资金需求量较大，通常需要在较长的时间内（如数年）提供稳定的资金来源。这种筹资方式与短期筹资形成鲜明对比，短期筹资通常用于应对短期内的现金流动问题，而长期筹资则主要用于长期目标的实现。

（二）长期筹资的特点

（1）资金需求量大。长期筹资通常需要大量的资金，以满足公司扩张、重组或技术升级等长期需求。

（2）资金来源稳定。长期筹资通常需要稳定的资金来源，如长期债务、股权融资、政府投资等，以确保资金供应的连续性和稳定性。

（3）决策周期长。长期筹资的决策过程通常需要较长的周期，因为这涉及公司的长期发展规划和战略决策。

（4）风险较高。长期筹资的风险相对较高，因为资金需求方需要承担长期债务或股权投资的财务压力，同时还需要面对市场环境变化、政策调整等不确定因素带来的风险。

（5）灵活性较低。长期筹资的决策周期较长，因此灵活性相对较低。在市场环境发生变化时，可能需要调整筹资策略或寻求其他筹资方式。

总的来说，长期筹资是一种重要的筹资方式，它能够为公司提供稳定的资金来源，支持其长期发展。然而，它也具有较高的风险和复杂性，需要公司在决策时充分考虑各种因素，确保筹资决策的合理性和可行性。

(三) 长期筹资管理的策略

长期筹资管理的策略主要围绕以下四个方向展开：稳定性、可持续性、灵活性和风险控制。

(1) 稳定性。在长期筹资过程中，应优先考虑稳定的资金来源，如长期债务和股东权益。这些资金的来源相对稳定，可以在公司面临资金需求时提供可靠的保障。

(2) 可持续性。在选择筹资策略时，应考虑公司的长期发展目标。应避免过度依赖短期资金来源，如高成本债务或短期股票回购，以确保公司财务的可持续性。

(3) 灵活性。在制定长期筹资策略时，应考虑各种筹资方式的灵活性。通过选择多种融资方式，公司可以在不同的经济环境下灵活调整其资本结构，以应对可能的经济波动。

(4) 风险控制。考虑到长期投资决策的不确定性，需要重视风险管理，充分考虑潜在的财务风险、市场风险等，并通过有效的风险管理机制将风险控制在可接受的水平内。

(四) 长期筹资管理的方法

(1) 长期债务。长期债务包括银行贷款、债券、商业票据等。这些资金通常具有稳定的偿还条款，可以提供稳定的现金流。

(2) 股权融资。股权融资包括发行股票、增资扩股等。股权融资可以为公司提供新的股东资源，帮助公司获取额外的资本。

(3) 租赁筹资。对于有特定用途的短期资金，租赁是一种可替代短期借款的有效方式。它提供了流动性，并可在租赁合同到期时转移资产的所有权。

(4) 内部积累。通过扩大生产规模、提高产品质量、加强市场营销等方式，提高企业的盈利水平，进而增加内部积累，是长期筹资的重要途径。

(5) 战略合作与合资。与其他企业或机构建立战略合作关系或合资企业，可以获得长期稳定的资金来源，同时还可以利用合作伙伴的优势资源，提升自身的竞争力。

总的来说，长期的筹资管理需要结合公司的战略目标、市场环境、财务状况等因素综合考虑，策略与方法也应根据实际情况灵活调整。通过有效的长期筹资管理，企业可以确保资金链的稳定，有利于长期发展。

企业筹资管理是企业运营的重要组成部分，涉及企业的资金来源、筹资策略、风险控制等多个方面。面对资金缺口、筹资成本、政策法规变化等挑战，企业需要制定合理的筹资策略，并密切关注政策法规的变化。同时，随着数字化和智能化技术的发展，企业筹资管理将更加高效和灵活。在未来的发展中，企业筹资管理将更加注重绿色和可持续发展，以及跨境合作和多元化筹资市场。

第二节　利润分配管理

一、利润与利润分配

(一) 利润的概念

利润是企业在一定时期内的经营成果。在我国，企业当年实现的利润，首先要按照一定的比率向国家缴纳所得税，扣除所得税之后的利润才能由企业支配，归企业股东所有。我们通常把企业实现的、向国家缴纳所得税前的利润称为税前利润，把向国家缴纳所得税后的利润称为税后利润，即净利润。

(二) 利润分配

利润分配是企业在一定时期 (通常为年度) 内对所实现的利润总额及从联营单位分得的利润，按规定在国家与企业、企业与企业之间的分配。利润分配一般分为以下三个阶段：

(1) 以企业实现的利润总额加上从联营单位分得的利润，即企业全部所得额，以此为基数，在缴纳所得税和调节税前，按规定对企业的联营者、债权人和企业的免税项目,采取扣减的方法进行初次分配。所扣除的免税项目主要有:分给联营企业的利润、归还基建借款和专用借款的利润、归还借款的利润、提取的职工福利基金和奖励基金、弥补以前年度亏损的利润,以及企业各种单项留利(如留给企业"三废"产品的净利润、国外来料加工装配业务留给企业的利润)等。对于实行承包经营责任制的企业,在进行税前利润分配后,应在承包经营期限内按承包合同规定的形式(上交利润递增包干,上交利润基数包干,超收分成等)上交承包利润,不再计征所得税和调节税。全部所得额扣除初次分配后的余额,即企业应纳税所得额。

(2)以企业应纳税所得额为基数,按规定的所得税率和调节税率计算应缴纳的税额,在国家和企业之间进行再次分配。应纳税所得额扣除应纳税额后的余额,即企业留利。

(3)以企业留利为基数,按规定比率将企业留利转作各项专用基金。

(三)利润分配的项目

我国企业的利润分配关系到企业、投资者等有关各方面的利益,涉及企业的生存与发展,是企业的一项重要工作。按照我国《公司法》的规定,公司的利润分配应包括以下四个部分:

1. 法定公积金

法定公积金从净利润中提取形成,用于弥补公司亏损、扩大公司生产经营或者转为增加公司资本。按照我国《公司法》等相关法规的规定,公司制企业的法定公积金按照税后利润的10%的比例提取(非公司制企业也可按照超过10%的比例提取),公司法定公积金累计额为公司注册资本的50%以上时,可以不再提取法定公积金。需要注意的是,计算提取法定盈余公积金的基数是企业当年实现的税后利润,不应包括企业年初未分配利润。

2. 法定公益金

我国《公司法》规定,公司分配当年税后利润时,应当按照5%~10%的比例提取法定公益金,用于企业职工集体福利设施的支出。

3. 任意公积金

除了法定公积金之外,企业的股东会还可以根据企业的投资需求及企业未来的发展规划自行决定从税后利润中提取任意公积金。非公司制企业经

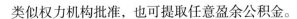

类似权力机构批准，也可提取任意盈余公积金。

4. 向投资者分配利润或股利

在弥补亏损和提取公积金、公益金之后，企业剩余的税后利润，有限责任公司应按照股东的实际出资比例向股东分配，股份有限公司则按照股东持有股份的份额进行分配。

需要注意的是，企业的股利发放要遵循"无利不分"的原则，也就是应从累计盈利中分派股利，无盈利不得支付股利。但如果公司用公积金弥补亏损之后，为了维护它的股票信誉，经过股东大会特别决议，也可用公积金支付股利。

(四) 利润分配的顺序

按照我国《公司法》的相关规定，利润分配应按下列顺序进行：

1. 计算可供分配的利润

将企业当期的净利润与期初的未分配利润加总，就可以得到企业当期的可供分配的利润。只有当可供分配的利润为正数时，企业才可以分配股利。如果可供分配的利润为负数，即企业当年的亏损超过年初的未分配利润时或企业当年的净利润不足以弥补年初的累积亏损时，则企业当期不能进行利润分配。

2. 计提法定公积金

如果企业有累计的未弥补亏损，则当年实现的净利润首先要用于弥补亏损，净利润抵减累计亏损后的金额才可以按 10% 的比例计提法定公积金。当企业不存在年初累计亏损时，则直接按照本年净利润的 10% 计提法定公积金。

3. 计提法定公益金

企业税后利润在计提法定公积金后，应再按 5% ~ 10% 的比例计提法定公益金。

4. 计提任意公积金

《公司法》还规定，公司从税后利润中提取法定公积金和公益金后，根据企业的投资规划，经董事会或股东大会决议，还可以从税后利润中提取任意公积金，用于企业的投资和未来发展的需要。

5. 向股东（投资者）支付股利

企业在提取法定公积金、公益金及任意公积金后，如果还有剩余的税后利润，则可向股东分配股利。每个股东按照其出资份额或持股比例享受应得的股利。

企业的股东会或董事会必须按照上述顺序来进行利润分配。如果企业在抵补亏损和提取法定公积金之前已向股东分发利润，那么必须将违反规定发放的利润退还给企业。

（五）利润分配基本原则

1. 依法分配原则

企业利润分配的对象是企业缴纳所得税后的净利润，这些利润是企业的权益，企业有权自主分配。国家有关法律法规对企业利润分配的基本原则、一般次序和重大比例也做了较为明确的规定，其目的是保障企业利润分配的有序进行，维护企业和所有者、债权人及职工的合法权益，促使企业增加积累，增强风险防范能力。国家有关利润分配的法律和法规主要有《公司法》《外商投资法》等，企业在利润分配中必须切实执行上述法律法规。利润分配在企业内部属于重大事项，企业的章程必须在不违背国家有关规定的前提下，对本企业利润分配的原则、方法、决策程序等内容做出具体又明确的规定，企业在利润分配中也必须按规定办事。

2. 资本保全原则

资本保全是责任有限的现代企业制度的基础性原则之一，企业在分配中不能侵蚀资本。利润的分配是对经营中资本增值额的分配，不是对资本金的返还。按照这一原则，一般情况下，企业如果存在尚未弥补的亏损，应首先弥补亏损，再进行其他分配。

3. 充分保护债权人利益原则

债权人的利益按照风险承担的顺序及合同契约的规定，企业必须在利润分配之前清偿所有债权人到期的债务，否则不能进行利润分配。同时，在利润分配之后，企业还应保持一定的偿债能力，以免产生财务危机，危及企业生存。此外，企业在与债权人签订某些长期债务契约的情况下，其利润分配政策还应征得债权人的同意或审核方能执行。

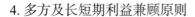

4.多方及长短期利益兼顾原则

利益机制是制约机制的核心，而利润分配的合理与否是利益机制最终能否持续发挥作用的关键。利润分配涉及投资者、经营者、职工等多方面的利益，企业必须兼顾，并尽可能地保持稳定的利润分配。在企业获得稳定增长的利润后，应增加利润分配的数额或百分比。同时，由于发展及优化资本结构的需要，除依法必须留用的利润外，企业仍可出于长远发展的考虑，合理留用利润。在积累与消费关系的处理上，企业应贯彻积累优先的原则，合理确定提取盈余公积金和分配给投资者利润的比例，使利润分配真正成为促进企业发展的有效手段。

(六) 利润分配的影响因素

1.法律因素

企业在进行利润分配时，应坚持法定利润分配程序，不能以企业资本分配利润，不能因当年无利润而动用以前年度留存收益分配利润等，这是企业利润分配过程中所必须遵循的法律规定。

相关要求主要体现在以下三个方面：

资本保全约束：规定公司不能用资本（包括实收资本或股本和资本公积金）发放股利，目的在于维持企业资本的完整性，保护企业完整的产权基础，保障债权人的权益。

资本积累约束：规定公司必须按一定的比例和基数提取各种公积金。另外，公司在进行股利分配时，一般应当贯彻"无利不分"的原则。

超额累积利润约束：如果公司为了避税而使盈余的保留大大超过了公司目前及未来的投资需求时，将被加征额外的税款。

2.现金能力因素

企业若想以现金的形式分配利润，就必须考虑现金的支付能力。企业盈利不等于一定有相应的现金。实践中，企业往往出现会计账面利润较多，但现金十分拮据的情况。这是由于企业在创利的过程中，同时进行实物资产的购置，从而使以往的盈利和当期的利润固定化为非现金资产，影响资产的流动性。

3. 税收因素

股票投资的目的是获取股利，或是通过低吸高抛，取得资本利得收益。但对于股东来说，二者所缴纳的所得税是不同的，现金股利的税负高于资本利得的税负。

4. 股东构成因素

不同阶层、不同收入水平，以及不同投资目的的股东，对股利分配的要求也是不同的。

5. 负债因素

当公司举借长期债务时，债权人为了保护自身的利益，可能会对公司发放股利加以限制。

6. 资本成本因素

在企业的各种筹资方法中，留用利润的资本成本是最低且稳定可靠的，还可以使企业保持较强的外部筹资能力，企业的资产负债率可以保持在较理想的水平之上。但过分地强调留用利润，股利支付过少也会走向负面，因为股价有可能因投资者的不满、抛售而跌落，使企业声誉受损，反而会影响企业的外部筹资能力。

7. 企业拓展因素

当企业处于发展上升阶段、具备广泛的投资机会时，需要大量的发展资金，这时企业可以考虑减少股利支出，将大部分盈利用于扩大再生产，在将来给股东更加满意的回报，这更容易被多数股东接受。当企业盈利充裕、稳定，但无良好的拓展机会时，可考虑采用较高的股利回报投资者。

8. 通货膨胀因素

在通货膨胀时期，企业的购买力下降，原计划以折旧基金为来源购置固定资产难以实现，为了弥补资金来源的不足，企业购置长期资产，往往会使用企业的盈利，因此股利支付会较低。

二、利润分配管理的定义、目标与任务

(一) 利润分配管理的定义

利润分配管理是指对企业利润分配过程、方式、比例和结构的规划、控

制和监督等活动。它是企业管理的重要组成部分，对于企业的长期发展和股东的利益具有重要影响。

(二) 利润分配管理的目标

利润分配管理的主要目标是通过合理分配企业的利润，实现股东、经营者、员工等各利益相关方的利益最大化，同时保持企业的稳定已可持续发展。

(三) 利润分配管理的任务

利润分配管理的主要任务包括：

(1) 制定合理的利润分配政策。根据企业的实际情况和发展战略，制定合理的利润分配政策，包括分配形式、时间间隔、比例等，以实现企业利益和各方利益的平衡。

(2) 优化利润分配过程。通过有效的内部控制和外部监督，确保利润分配过程的公平、透明和合法，防止利益输送和违规操作。

(3) 关注企业的可持续发展。在利润分配过程中，应注重企业的可持续发展，考虑企业的长远发展目标和市场需求，合理规划企业的投资和发展方向。

利润分配管理对企业的影响深远而持久。合理的利润分配政策有助于增强企业的财务稳定性和市场竞争力，有利于企业的长期发展；不合理的利润分配政策则可能引发各种矛盾和问题，影响企业的声誉和长期发展。

在实施利润分配管理时，企业应关注市场变化、法律法规、股东意见等各方面因素，并加强内部控制和外部监督，确保利润分配管理的有效实施。同时，企业还应不断探索和创新利润分配管理模式，以满足不断变化的市场需求和各方利益需求。

总之，利润分配管理是企业发展的重要组成部分，对于企业的长期发展和股东的利益具有重要影响。通过合理的利润分配管理，企业可以创造更多的价值，实现各方利益的平衡和可持续发展。

三、利润分配管理原则

随着企业规模的扩大和市场竞争的加剧，利润分配管理已成为企业管理的重要组成部分。正确的利润分配管理原则可以确保企业的长期发展，提升企业的市场竞争力，增强股东和员工的信心。

(一) 公平性原则

公平性原则是利润分配管理的基础。企业应当按照股东的出资比例、员工的贡献等因素，公平地分配利润。对于股东，应按照其出资比例分配利润；对于员工，应根据其贡献和职位等因素进行分配。这样可以避免分配不公而导致的矛盾和纠纷，增强企业的凝聚力。

(二) 合理性原则

合理性原则是利润分配管理的核心。企业应当合理规划利润分配的比例和方式，既要保证股东和员工的利益，又要考虑企业的长远发展。在分配过程中，应注重资本、劳动和经营等多种因素的贡献，避免因过度偏向某一方而损害其他相关方的利益。

(三) 激励性原则

激励性原则是利润分配管理的动力。企业应当通过合理的利润分配，激发员工的工作积极性和创新精神，从而促进企业的发展。对于员工的分配，应当充分考虑其职业发展规划、岗位性质等因素，激励员工为企业的长期发展贡献力量。

(四) 透明度原则

透明度原则是利润分配管理的信任基础。企业应当公开利润分配的依据、程序和结果，确保股东和员工对企业的信任和支持。透明度的建立可以增强企业的公信力，有利于企业的长期发展。

(五) 合法合规原则

合法合规原则是利润分配管理的底线。企业应当遵守国家法律法规和相关政策，确保利润分配的合法性和合规性。在分配过程中，应避免违反税收法规、损害社会公共利益等问题，确保企业的稳健发展。

综上所述，利润分配管理是企业长期发展的关键因素之一。企业应当遵循公平性、合理性、激励性、透明度和合法合规等原则，确保利润分配的合理、公正和透明，从而促进企业的长期发展。同时，企业也应当不断探索和创新利润分配管理模式，以适应市场变化和竞争环境，提升企业的市场竞争力。

四、利润分配管理的策略

在当今的企业管理中，利润分配管理是企业管理的重要组成部分。有效的利润分配管理不仅能帮助企业实现财务目标，还能增强企业的市场竞争力。

(一) 明确利润分配原则

在制定利润分配策略时，企业应明确其分配原则，包括股东回报、企业发展和员工利益等多个方面。在考虑这些原则时，企业应充分考虑其业务性质、市场状况、财务状况及行业趋势。此外，企业还应根据自身发展阶段和战略目标，灵活调整利润分配政策。

(二) 合理设计股利政策

股利政策是企业利润分配管理的重要组成部分。企业应根据其财务状况、行业特点及股东需求，合理设计股利政策。股利支付的频率和水平应与企业的盈利能力、现金流状况及投资需求相匹配。此外，企业还应考虑股权结构、资本市场环境及潜在的兼并收购等因素。

(三) 加强内部控制

有效的内部控制是实现利润合理分配的关键。企业应建立健全的内部控制体系，确保财务信息的真实性和准确性。此外，企业还应加强对成本费用的控制，提高生产效率，降低运营成本，从而实现利润的合理分配。

(四) 优化税收筹划

税收筹划是企业利润分配管理的重要组成部分。企业应充分了解税收法规，合理规划税收筹划方案，以降低税收负担。此外，企业还应关注税收优惠政策，充分利用优惠政策降低税负。

（五）建立有效的监管机制

为了确保利润分配管理的有效实施，企业应建立有效的监管机制，包括内部审计、内部控制及外部审计等多个方面。通过建立有效的监管机制，企业可以确保其利润分配策略得到有效执行，避免利益冲突和舞弊行为的发生。

有效的利润分配管理是企业实现财务目标、增强市场竞争力的重要手段。通过明确利润分配原则、合理设计股利政策、加强内部控制、优化税收筹划及建立有效的监管机制等策略，企业可以确保其利润分配管理的有效实施。在实施这些策略时，企业应充分考虑其业务性质、市场状况、财务状况及行业趋势，以实现企业的长期发展目标。

第三章　财务预测、预算与分析

第一节　财务预测

预测就是以过去的历史资料和现在所能取得的信息为基础，运用人们所掌握的科学知识和多年的实践经验，推测事物未来发展的趋势或结果。财务活动包括许多状态不确定或不受管理人员所控制的种种因素，因此需要进行预测。

一、财务预测的意义与原则

(一) 财务预测的含义

财务预测，就是以企业过去一段时期的会计、财务、经营等相关资料为依据，结合企业现在和即将面临的各种微观和宏观变化因素，运用科学的方法，对企业财务方面的未来发展趋势及变化结果进行测算和估计。

尽管企业财务活动受到众多微观、宏观的因素影响，使其变化多端，但是它仍然和其他事物的发展一样，都具有一定的规律性。人们在分析其过去、把握现状的基础上，完全能够从其变化规律中找出一些内在的必然联系，对未来财务活动的发展趋势进行较为准确的预测。另外，财务人员在长期的实践中，已摸索总结出一系列如何根据本企业的经营特点和所处的环境，进行财务预测的原理和方法。

财务预测属于经济预测的一个分支，但又有与其他经济预测不同的特点，如财务预测的目的主要是为财务决策和财务预算提供科学的依据；财务预测的对象侧重于资金运动，是一种价值预测。

（二）财务预测的作用

财务预测是财务管理的一个重要环节，它具有以下三个主要作用：

（1）为财务决策提供依据。财务管理的关键在于财务决策，而财务决策的关键在于财务预测。财务的短期或长期决策，常常是在随机因素较多、不确定性较大的情况下进行的，只有通过财务预测，方可为财务决策的各种备选方案提供依据，降低不确定性，使决策者更好地权衡利弊得失，选择最优的方案。实践证明，财务预测不准，财务决策便容易失误，企业的财务活动就可能因此而误入歧途，迷失方向。

（2）为财务预算提供依据。要保证企业财务决策正确实施，就需要制订切实可行的财务预算（计划）。企业在编制预算之前，必须根据财务活动的历史和现状，预测未来发展趋势以及可能达到的水平，为编制预算提供有用的数据，使财务预算符合财务发展规律，具有科学性和指导性。建立在正确预测基础上的预算，不仅切实可行，而且可协调各个部门的工作，保证预算的顺利执行。

（3）为搞好企业日常管理工作提供依据。企业所处的经营环境是不断变化的。因此，企业财务人员要想做好日常财务管理工作，尤其是日常资金的供应和调度工作，不仅要熟悉企业过去的财务收支规律和情况，还要善于预测企业未来的资金运动情况和财务收支平衡情况。只有这样，才能做到统筹兼顾，适当安排，使日常财务管理活动处于主动地位。

财务预测的作用大小受其准确性的影响。准确性高，作用就大；准确性低，作用就小。因此，财务人员应该在实践中不断积累经验，不断提高业务水平，努力研究和不断改进财务预测工作，减少财务预测的误差，提高预测的准确性。

（三）财务预测的原则

1.连续性原则

财务预测的连续性原则，意味着我们在预测过程中应当保持连贯性，而且应当根据过去的数据和经验，来建立和调整我们的预测模型。连续性原则有助于保持预测的一致性，避免因数据波动或异常情况导致的预测偏差。

2. 相关性原则

相关性原则是财务预测的核心原则。这意味着我们的预测应当准确地反映当前市场环境、公司运营状况以及未来可能的变化。我们需要定期更新和调整我们的预测，以确保它们始终与实际情况保持最紧密的关联。此外，我们还应关注那些可能影响公司财务状况的关键因素，如市场趋势、竞争状况、政策变化等。

3. 类推性原则

类推性原则允许我们从已知预测未知。基于过去的数据和趋势，我们可以预测未来可能发生的变化。然而，需要注意的是，类推法并非万能的，它只能作为一种辅助工具，不能完全依赖。此外，我们还需要考虑无法通过类推法预测的因素，如突发事件、不可预见的情况等。

总的来说，财务预测需要遵循一系列原则，包括连续性、相关性和类推性。这些原则不仅有助于我们保持预测的一致性和准确性，还能帮助我们更好地理解公司的财务状况，为决策提供有力支持。

在实践中，我们需要根据具体情况灵活应用这些原则。例如，当面临突发情况或未知因素时，我们需要调整预测方法或寻求其他数据来源，以确保预测的准确性。同时，我们还应定期评估和调整我们的预测模型和方法，以应对市场环境的变化和公司运营状况的改变。只有这样，我们才能更好地实现财务预测的目标，为公司的发展提供有力支持。

二、财务预测的分类

财务预测的种类繁多，可以从不同角度、按不同标准进行分类。

（1）按财务预测的内容，财务预测可分为销售预测、成本费用预测、利润预测、资金预测等。销售预测主要是对未来一定市场环境和营销规划下的销售量或销售额及其变化发展趋势的预测。成本费用预测主要是对未来产品生产或劳务提供的成本费用水平及其降低程度的预测。利润预测主要是对未来利润水平及其升降趋势的预测。资金预测主要是对未来资金需要量及其变化情况、资金来源和使用效果的预测。

上述预测从内容上来看各有侧重、相对独立，但从因果关系来看是密不可分、相互联系的。

（2）按财务预测所跨时间长度，可分为短期预测、中期预测和长期预测。短期财务预测是指一年以下的预测，其目的是为企业近期财务管理提供较为详细且可靠的数据资料。中期财务预测是指对一年以上五年以下的财务预测，其目的是为五年计划和长期规划提供较为可行的细化资料。长期财务预测是指对五年以上较长时间的财务变化及其趋势的预测，其目的是为企业今后长期发展的重大战略决策提供财务依据。

必须指出，以上的划分只是一般的划分。不同的企业由于其生产特点、管理要求不同，因而其预测期的长短也是不同的。如市场变化快、生产周期短的行业，短期预测可能是季度以内，一年以上就可能是长期预测。

（3）按财务预测的方法，可分为定性财务预测和定量财务预测。定性财务预测是指预测者直接根据所掌握的信息资料和经验，对企业未来的财务状况和变化趋势做出预测。定量财务预测是指根据所掌握的信息资料，借助一定的数学方法及企业的发展趋势做出分析预测。

三、财务预测的程序

要提高财务预测工作的效率，提高财务预测工作的准确性和质量，财务预测工作就要按照一定的程序进行。财务预测一般按下列程序进行：

（1）确定预测目标。进行财务预测，首先要确定预测什么，其次才可根据预测的目标、内容和要求确定预测范围和预测期等。例如，只有确定了预测资金的需要量，才能组织好与资金需要量预测有关的各项工作，才能确定要收集哪些资料，分析影响资金需要量的有关因素。可见，只有目标明确，才可能顺利地开展财务预测工作。而且，预测的目标应清晰具体，切忌空泛。

（2）制订预测计划。预测计划包括预测工作的组织领导、人员组成、信息资料的来源渠道和获取方法、工作期限和经费预算等。预测计划应详细明确，分工合理，进程适当。而且应根据预测工作中遇到的实际问题，进行不断的调整，使之更加切实可行。

（3）收集整理、分析相关信息。根据已确定的预测目标和计划，尽可能全面地收集与既定目标有关的信息资料。这些信息资料可取自企业内部的会计、统计等资料，也可取自报刊公开发表的统计报告，还可以通过抽样调查取得。对收集的信息资料必须进行鉴别和归纳整理，去伪存真，以保证预测的质量。

（4）选择预测方法。财务预测必须通过一定科学方法才能完成，而且选用的预测方法不同，预测的结果也不一样。应该考虑财务活动的实际情况选择预测方法，有时还可以几种方法结合起来使用，互为补充，互为验证，以期得到与实际更为接近的结果。

（5）进行实际预测。运用所选定的预测分析方法，根据所整理的数据资料进行预测，并做出初步的预测结论。预测结论可用列表、制图或文字等形式表达。

（6）对初步的预测结论进行分析评价。经过一定期间，对过去做出的初步预测结论进行检验，将实际结果与预测数进行比较，鉴定预测的结果是否正确，并分析产生误差的原因。在实际工作中，财务预测毕竟是一种推测和估计，预测结果与实际结果难免会有一定的误差，但重要的是误差的大小，以及误差是否在允许的合理范围内。误差小说明收集到的资料和数据是相关的和正确的，所选择的方法是恰当的；误差大则说明收集到的资料或所选择的预测方法有问题，需进行改进。

（7）修正初步的预测结论，得出最终预测结果。过去用定量方法进行的预测分析，往往会由于数据不足或某种因素而影响预测精度，这就需要用定性方法来考虑这些因素，并及时修正初步预测结论。对过去用定性方法预测的结果应尽可能用定量预测方法加以修正、补充，以使其结果更加接近实际。预测工作的实践证明，把定量方法与定性方法有机结合起来，是提高预测准确性的重要途径。经过上述的修正，就可得出最终的预测结果。

四、财务预测的基本方法

财务预测的方法多种多样，如何根据具体情况选择正确的预测方法，是财务预测成功与否的关键之一。财务预测的基本方法归纳起来有以下两大类：一是定性预测法；二是定量预测法。

（一）定性预测法

定性预测法，又称判断预测法。它是由熟悉业务并有一定专业知识和综合判断能力的专家和专业人员，根据丰富的实践经验和所掌握的情况，对预测目标将来的发展趋势和发展结果所进行的预测。定性预测法的特点是：不要求建立严格的数学模型，简单可行，而且可考虑到无法定量的因素。这类方法适用于缺乏历史资料、统计数据，或影响因素复杂，需要对许多相关因素做出判断，或客观上不具备定量预测条件的情况。

定性预测法主要包括意见汇集法、专家小组法和特尔菲法。

1. 意见汇集法

也称主观判断法，它是由预测人员根据事先拟好的提纲，向比较熟悉预测目标的，并对其未来发展趋势比较敏感的领导人、主管人和业务人员开展调查，广泛征求意见，然后把各方面的意见整理汇集、分析和判断，最后做出预测结论。

这一方法的优点是集思广益，费时不多，耗费较小，运用灵活，并能根据影响预测对象因素的情况变化，及时对预测数据进行修正。它的缺点是预测结果易受人的主观判断的影响，对一些专门问题不易深入，而且常会出现意见不一致的情况，给预测带来困难。

2. 专家小组法

专家小组法是一种客观判断法，它是由企业组织各有关方面的专家组成预测小组，通过召开各种形式座谈会的方式，进行充分、广泛的调查研究和讨论，然后根据专家小组的集体研究成果做出最后的预测判断。

这一方法的特点是由专家组成小组面对面地进行集体讨论和研究，可以相互印证和补充，能更为全面和深入地分析、研究影响预测目标的因素，避免各专家因信息资料不共享而使预测带有片面性。它的缺点是参加者有可能碍于情面而不能充分发表自己的意见，或特别容易为权威人士所左右。另外，由于参加会议的人数有限，代表性会比较差。

3. 特尔菲法

又称专家调查法，也属于一种客观判断法。它是由美国兰德公司在20世纪40年代首先倡导使用的，主要是采用通信的方法，通过向有关专家发出预测问题调查表的方式来收集和征询专家们的意见，并经过多次反复、综合、整理、归纳各专家的意见以后，做出预测判断。特尔菲法具有保密性、反馈性和集中判断等特点。

这一方法的优点是各个专家可以各抒己见，互不干扰；把各种意见整理归纳后分别告知各个专家，使他们取长补短，意见趋向成熟；对专家意见进行综合分析，有助于克服决策中的片面性。它的缺点是时间可能拉得比较长，耗费比较大。

(二) 定量预测法

定量预测法是根据收集的财务数据等资料，采用统计方法和数学模型，对预测目标将来的发展趋势和发展结果所进行的预测。定量预测法的特点是：建立相应的数学模型，逻辑严密可靠，预测结果比较客观。这类方法适用于资料齐备、环境比较稳定的情况。

定量预测法又可分为趋势外推预测法和因果预测法两类。

1. 趋势外推预测法

又称时间序列预测法或历史资料引申法。是把历史资料按年或按月排列成一个时间数列，从中找出预测对象发展趋势的变动规律，再将发展趋势加以引申，从而推断未来的一种方法。趋势外推预测法包括简单平均法、移动平均法、指数平滑法等。

2. 因果预测法

又称相关预测法。是根据预测对象与其他相关因素之间存在的因果关系，通过建立相应的因果预测模型，对预测对象未来的发展趋势和变化结果进行预测的方法。因果预测法主要包括本量利分析法、比例预测法（含销售百分比法）、直线回归法等。

第二节　财务预算与控制

一、财务预算

(一) 财务预算的定义

财务预算是反映企业计划期内现金收支、财务成果和财务状况的预算，它明确了企业近期财务工作的目标，是控制企业财务活动的标准和考核财务业绩的依据。财务预算有狭义和广义之分。狭义的财务预算是针对企业预算期经营活动而编制的货币性财务报告预算，主要包括现金预算、预计资产负债表、预计利润表和预计现金流量表。广义的财务预算就是全面预算，它是以货币等形式展示计划期内企业全部活动的目标以及资源配置的定量说明。

(二) 财务预算的构成

全面预算主要包括经营预算、财务预算和资本预算三个组成部分。

经营预算是企业的业务预算，包括销售预算、生产预算、直接材料预算、直接人工预算、制造费用预算、产品成本预算、销售费用预算、管理费用预算及财务费用预算等。经营预算常常分别以实物量指标和价值量指标反映企业的收入、费用及资产的构成。资本预算是关系企业长远发展的投筹资预算，如固定资产的购置、扩建、改建、更新等都需要在投资项目可行性论证之后编制出反映投资时间、规模、收益以及筹资方式的专门预算。

企业应根据长期的市场预测和生产能力，编制长期销售预算。以此为基础，确定本年度的销售预算，进而确定资本支出预算。销售预算是年度预算的编制起点，根据"以销定产"的原则确定生产预算。生产预算的编制除了考虑计划销售量以外，还要考虑现有存货和年末存货；根据生产预算来确定直接材料预算、直接人工预算和制造费用预算；产品成本预算和现金预算是有关预算的汇总；预计利润表、预计资产负债表和预计现金流量表则是全部预算的综合。

现金预算是反映企业预算期内现金收支、现金余缺以及现金筹集和运用情况的预算。现金预算可以帮助财务人员了解公司未来一定期间内现金收支及现金余缺的数额和时间，以便及时做出投资和筹资决策，防止现金积压或短缺，保持正常支付能力，更有效地管理现金流。

现金预算的编制要以各项经营预算和资本支出预算为基础，在编制其他各项预算时要为现金预算做好数据准备。

(三) 财务预算的原则

财务预算是企业财务管理的重要组成部分，它对于企业的经营和发展具有至关重要的作用。为了确保财务预算的科学性、准确性和有效性，企业

应该遵循以下原则:

1. 科学性原则

财务预算的编制需要建立在科学的基础之上,只有通过科学的方法和手段,才能保证预算的准确性和可行性。因此,企业应该根据自身的实际情况,制订合理的预算编制计划,并采用科学的方法进行预算编制,确保预算数据的真实性和可靠性。

2. 全面预算管理原则

全面预算管理是财务预算的核心,它要求企业全体员工共同参与,共同制定和执行预算。全面预算管理可以有效地控制企业的成本和支出,提高企业的经济效益。因此,企业应该建立完善的全面预算管理体系,加大预算管理力度,确保预算的准确性和有效性。

3. 系统化原则

财务预算是一个系统化的过程,它需要将企业的各个部门、各个层次都纳入预算管理体系中来。只有系统化的管理,才能保证预算的全面性和准确性。因此,企业应该加强各个部门之间的沟通和协作,确保预算数据的准确性和可靠性。

4. 动态管理原则

市场环境是不断变化的,企业的经营状况也会随之发生变化。因此,财务预算也需要根据市场环境和经营状况的变化进行调整和修改。只有动态管理才能保证财务预算的准确性和有效性。

5. 合理化原则

财务预算的制定和执行都需要考虑到企业的实际情况。因此,在制定财务预算时,企业应该充分考虑自身的经济实力和经营状况,合理规划支出和收入,确保财务预算的可行性和有效性。

综上所述,财务预算是企业财务管理的重要组成部分,它需要遵循科学性、全面预算管理、系统化、动态管理和合理化等原则。只有遵循这些原则,才能保证财务预算的科学性、准确性和有效性,进而提高企业的经济效益和市场竞争力。

(四) 财务预算的具体工作

1. 销售预算

销售预算是为企业销售活动编制的预算，是全面预算的编制起点。一般来说，当企业参照销售预算确定销售规模时，销售决定着生产，即"以销定产"。销售预算和生产预算一经确定，就成为各项生产成本预算的依据。

销售预算的主要内容包括销售数量、销售价格和销售收入。同时，为了便于编制财务预算，还应编制预计现金收入计算表，用来反映各期销售所得现金数额。其中，各季度的现金收入额由本季销售所得现金和本季收到上季销售的现金两个部分组成。

2. 生产预算

生产预算是为生产活动编制的预算。销售预算编制完成后，即可据以编制生产预算，但预算期的生产量并不一定等于预算期的销售量，这是由于企业往往要贮存一定数量的产成品存货，以备临时性销售量变动的需求。预算期的销售量与期末产成品存货之和为预算期的需要量，该需要量的一部分可以由期初的产成品存货得到满足，剩余部分则是预算期应该安排的生产量。

3. 直接材料预算

直接材料预算又叫直接材料采购预算，是为直接材料的采购活动而编制的预算。其编制依据为预算期生产量、直接材料单位耗用量及标准价格等资料。

企业往往要保留一定数量的材料以备临时性产量变化之需，预算期直接材料的生产用量与期末材料存货量之和是预算期直接材料的需要量再减去期初直接材料存货量，才是预算期应该采购的直接材料数量。直接材料的采购量与标准价格相乘，即直接材料的采购金额。

直接材料预算通常包括一个现金支出计算表，用以计算预算期为采购直接材料而支付的现金数额，供编制现金预算之需。预算期用于采购直接材料方面的现金支出，包括本季采购现金支出与支付上季采购款两个部分。

4. 直接人工预算

直接人工预算是反映为完成预算期生产任务而直接发生的工时耗费和

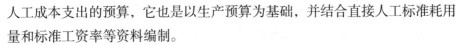

人工成本支出的预算，它也是以生产预算为基础，并结合直接人工标准耗用量和标准工资率等资料编制。

5. 制造费用预算

制造费用是指生产成本中除了直接材料、直接人工以外的生产费用。在编制制造费用预算时，应将其分为变动制造费用和固定制造费用两大类，并分别进行编制。

变动制造费用是根据生产预算和变动制造费用分配率编制的；固定制造费用通常与本期产量无关，需要逐项按实际情况编制。

制造费用预算应包括现金支出计算部分，计算预算期在制造费用方面的现金支出，以供编制现金预算之需。

6. 销售及管理预算的编制

销售及管理费用预算，是为产品销售活动和一般行政管理活动及相关经营活动编制的预算。如有需要，实务中也可按销售和管理费用分别编制两个预算。

7. 资本支出预算的编制

资本支出预算，是为购置固定资产、无形资产等投资活动编制的预算，是经过审核批准的各个长期投资项目详细列示现金流量等重要财务资料的明细表，是控制资本支出、检查投资效果的重要依据。编制资本支出预算的主要根据，是长期投资决策的结果。资本支出预算中各期的投资额应编入该期现金预算的现金支出部分和预计资产负债表的资产部分。

8. 现金预算的编制

现金预算是以上各项预算中有关现金收支部分的汇总，它反映预算期企业的现金收入、现金支出和资金融通。现金预算既可作为加强现金流量的计划控制，又可作为编制筹资及投资计划的依据。

现金预算由可供使用现金、现金支出和资金融通三个部分组成。其中，可供使用现金包括期初现金余额和预算期收入；现金支出主要指直接材料采购支出、直接人工支出、股息支出等；资金融通是指为了保持预算期合理的现金余额，以现金预算中的现金余缺数为出发点，通过筹资以弥补现金之不足，通过偿还借款或短期投资以运用多余现金。具体来讲，每个企业应首先根据自己的实际需要，确定现金余额的最高和最低限额；当现金余额低于最低限额时，企业一般以向银行借款、出售证券、发行股票或债券等方式，使现金余额提高到最低限额与最高限额之间；若现金余额高于最高限额，那么企业则应以归还银行借款、购入证券、收回本公司股票或债券等方式，使现金余额降低到最低限额与最高限额之间。

现金预算应按年分季或分月进行编制，以便对现金收支进行有效控制。季度内或月内借入资金的具体时间不易确定，所以借入资金的时间通常算作季初或月初，归还借款本息的时间算作季末或月末，这种做法可以保证预算期对现金的需求。

9. 利润计划的编制

利润计划即预计收益表，用以反映预算期的财务成果。它是控制企业营业活动和财务收支的重要依据。编制利润计划，主要利用销售预算、年末产成品存货预算、销售及管理费用预算、制造费用预算、专门决策预算等有关资料。利润计划通常是按年不分季度进行编制，其格式与实际收益表基本相同。

其中的所得税额，通常用专门决策预算求得，一般使用估计数值，而非税前净利与所得税率的乘积。这是因为税法规定与会计处理方法不完全相同，有些费用按税法规定不能列作税前费用，而在会计处理中都可以列作税前费用，因而要对会计上的税前净利按税法进行相应调整，之后才能据以估算所得税额。

10. 预计资产负债表的编制

预计资产负债表，是根据企业预算期初的资产负债表和全面预算中的其他各项预算编制的，它反映预算期末企业的预计财务状况。

预计资产负债表受其他各项预算的制约，因此为了使预算年度保持良好的财务状况，在确定其他预算时应充分考虑其对预计资产负债表的影响。只有在编制预算时，不断协调好各个预算之间的关系，才能保证企业预算期末有一个良好的财务状况。

全面预算的编制以销售预算为出发点，涉及企业经营的各个方面，以现金管理为核心的财务预算在整个预算体系中至关重要。编制现金预算时考虑到部分销售延期收款和部分材料延期付款的因素，使现金收支的预计比较准确；把制造费用、销售和管理费用划分为固定和变动两部分，对于准确预

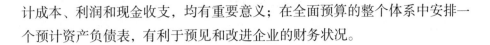

计成本、利润和现金收支，均有重要意义；在全面预算的整个体系中安排一个预计资产负债表，有利于预见和改进企业的财务状况。

二、财务控制

(一)财务控制的含义

财务控制是以财务计划(财务预算)为依据对公司日常的财务活动进行指导、督促和约束，确保财务计划(财务预算)全面完成的一种管理活动。

一般可以认为，财务控制与会计控制的内容大多属于日常的业务控制，两者之间有重复，只是控制目标的侧重点不同。会计控制是为了保证会计信息真实、可信；而财务控制是为了保证计划(预算)的完成。财务控制是按照财务计划(财务预算)的要求有效地对企业资产进行管理的活动。

按控制环节，财务控制分为制订计划、日常控制和定期考核评价。制订计划既为控制提供依据，也是控制的方式之一，因为计划意味着责任和约束，执行者必须努力完成。预算是计划的详细数量说明，实施财务预算的企业，其编制预算的过程也就是制订计划。日常控制是指制订财务计划后，如何保证财务计划得以实施的过程，它具有跟踪控制和反馈控制的特征，跟踪控制要求各计划执行主体保证财务计划的实现，反馈控制要求通过计划与执行差异的分析，纠正偏差。定期考核评价则是根据各计划执行主体完成计划指标的情况，找出差异，实施奖惩，并提出进一步的改进建议和方案。

按控制内容，财务控制分为收支控制和现金控制。公司的财务计划(财务预算)体现了未来的收支流动和现金流动情况。收支流动表现为公司的收入和成本费用，从而形成公司的盈利；现金流动表现为现金流入和现金流出，从而形成公司的现金净流量。收支流动和现金流动的变动必然会引起相应的资产、负债和股东权益的总量和结构的变动，因此对公司未来财务状况的控制主要是通过收支控制和现金控制实现的。

收支控制是以收入和成本费用计划(预算)为依据，对公司日常经营活动所实现的收入和形成的成本费用进行指导、监督和约束，以保证实现经营目标和财务计划(财务预算)目标的管理活动。在实际工作中，收支控制往往是按预算进行的，故也称预算控制。预算控制具有项目上的针对性、时间上的连续性、责任主体明确等基本特征。

现金控制是以现金流量计划（现金预算）为依据，对财务收支过程中发生的现金流入、流出进行指导、监督和约束，以保证实现经营目标和财务计划（财务预算）目标的管理活动。

公司的收支活动往往与现金流入和流出相联系，特别是成本费用的发生或者以现金流出为前提，或者伴随着现金流出。所以，控制现金流动，也就从根本上控制了收支活动或经济活动。

（二）收支控制方法

对整个公司的收支活动进行有效控制往往需要通过预算来进行，预算控制包括建立责任单位、确定责任预算、组织责任核算及进行责任考核等环节。

1. 建立责任单位

收支控制主要通过控制公司的收入、成本费用，进而实现目标利润。收入、成本费用的发生源于各部门、各层次的业务活动，要进行收支控制，就必须划定各部门、各层次的收支责任，从而确定责任主体。责任主体也称责任单位，它是承担一定收支责任、享有相应权限的基本组织单元。

（1）收入责任单位。它是只对销售收入及其他收入计划（预算）的完成承担责任的基本组织单元，如单纯的销售公司或分公司。

（2）成本责任单位。它是只对成本费用计划（预算）的完成承担责任的基本组织单元，如生产车间、公司的职能管理部门。

（3）利润责任单位。它是对收入计划和成本费用计划的完成都承担责任的基本组织单元。这里的收入和成本费用之间应该以相应的权责为范围构成对应关系，既包括单纯面对市场完成购销过程的分公司、分厂等"自然利润责任单位"，也包括公司内部视同完成购销过程的分公司、分厂等"人为利润责任单位"。

2. 确定责任预算

确定责任预算是对财务计划或公司的整体预算进行分解、落实到各责任单位的过程。只有把投资者的期望报酬率和经营者的责任目标层层分解落实到公司的每个部门、每个岗位，才能调动公司内部的积极性，才能使责、权、利、效统一起来，使企业的运营成为一个有机的系统。确定责任预算必须遵循以下原则：

（1）责任预算的内容必须与责任单位所从事业务活动的性质相一致。

（2）责任预算的水平必须与责任单位所从事业务活动的规模相一致，保证责、权、利相对等。

（3）责任预算必须确保经营目标和财务目标的实现，相互之间应能协调一致。

（4）责任预算的确定必须充分发挥责任单位的积极性，考虑责任单位的合理要求。

3. 组织责任核算

责任核算是以责任单位为核算主体，以责任预算的内容为对象所进行的核算，其目的是对各责任单位的预算执行情况进行控制和考核，包括日常记录和定期报告两个方面。

（1）日常记录。不同责任单位的核算内容不同，应根据成本、费用、收入和利润分别设置相关明细账。为了与会计核算方法一致，应将责任核算与会计核算的账户设置保持一致。

（2）定期报告。在日常核算的基础上，各责任单位应定期编制责任报告。责任报告的项目与责任预算的内容应保持一致，责任报告应分别列示预算、实际、差异等数据，并说明差异的成因，提出改进措施。

4. 进行责任考核

责任考核是以责任预算为依据，与责任报告中的实际完成情况进行比较，借以评价与考核各个责任单位的工作成果，并根据业绩考核结果进行奖惩，促使各责任单位积极纠正偏差。

在责任考核中，应遵循以下原则：

（1）要坚持考核的动态化，以便把责任预算执行过程中的问题尽快解决。

（2）要坚持预算标准，即使客观环境发生了变化，也要维护预算的严肃性，不能随意调整预算标准。

（3）要坚持奖惩规定，收支控制的最终体现就是严格执行奖惩标准，一旦奖惩不到位，控制的效力将大打折扣。

(三) 现金控制方式

现金控制往往涉及企业集团集权与分权的管理体制，也就是集团公司所属各子公司是否有货币资金使用的决策权、经营权，这对集团公司的资金管理尤为重要。现金控制的目的是防止公司发生支付危机，并通过现金流动有效控制公司的经营活动和财务活动。因此，现金控制的集权和分权的程度，会影响公司现金流入、流出的平衡，影响公司经营和财务活动的效率。

现金控制的方式较多，包括统收统支方式、设立结算中心方式、设立内部银行方式、设立财务公司方式等。

1. 统收统支方式

统收统支是指公司的一切现金收支活动都集中在财务部门，各分支机构或子公司不单独设立财务账号，所有现金收入集中后缴至财务部门，所有现金支出都要通过财务部门支付。现金收支的批准权高度集中在经营者手中，或者经营者授权的代表手中。

统收统支的方式有助于公司实现现金收支的平衡，提高现金的流转效率，减少现金沉淀，控制现金支出；但是，统收统支方式不利于调动各部门开源节流的积极性，影响公司经营的灵活性，以致降低公司经营和财务活动的效率。

2. 设立结算中心方式

结算中心是公司内部尤其是集团公司内部设立的、办理内部各成员公司或分公司现金收付和往来结算业务的专门机构。它通常设于财务部门内，是一个独立运行的职能结构。结算中心的主要职能包括以下六点：

(1) 集中管理各成员公司或分公司的现金收入，各成员公司或分公司收到的现金收入都必须转账存入结算中心在银行开立的账户，不得挪用。

(2) 统一拨付各成员公司或分公司因业务需要使用的货币资金，监控货币资金的使用。

(3) 统一对外筹资，确保整个公司和集团的资金需要。

(4) 办理各成员公司或分公司之间的往来结算。

(5) 计算各成员公司或分公司在结算中心的现金流入净额和相应的利息成本或利息收入。

(6) 核定各成员公司或分公司日常留用的现金余额。

可以看到,设立结算中心,各成员公司或分公司有着独立的财权。在现金管理上,有了部分经营权和决策权,公司或集团公司通过现金支出的审批权限和监控现金按规定范围和标准使用来实施现金控制。

3. 设立内部银行方式

内部银行是将社会银行的基本职能与管理方式引入公司内部管理机制而建立起来的一种内部资金管理机构,主要职责是进行公司或集团公司内部日常的往来结算和资金调拨、运筹。其具体职责包括以下七点:

(1) 设立内部结算账户。每个成员公司或分公司都在内部银行开设账户,其生产经营活动中一切实物的转让、劳务协作均视为商品交易,通过内部银行办理往来结算。

(2) 发行内部支票。内部银行根据有关规定发行内部支票,在各成员公司或分公司之间使用。

(3) 发放内部贷款。内部银行根据公司或集团公司为各个成员公司或分公司核定的资金和费用定额,结合实际需要,对其发放贷款。贷款分为以下两类:一是全额有偿专用方式,即不论是定额内还是超定额的内部贷款,都实行有偿专用、计付利息;二是差额有偿专用方式,即只对超定额部分的内部贷款计息。

(4) 内部银行统一对外筹措资金。各成员公司或分公司无权对外筹资,内部银行根据公司的经营状况统一筹划,合理调度资金。

(5) 制定结算制度。内部银行制定统一的内部结算制度,包括结算方式、时间,规范结算行为;同时,对结算业务中资金流向的合理性、合法性进行监督,发现不合理的资金流向,及时纠正资金使用中的问题。

(6) 建立信息反馈系统。内部银行定期或不定期地将资金流通状况以报表形式反馈给各成员公司或分公司,报送公司或集团,以便各方及时掌握资金使用情况。

(7) 银行化管理。内部银行自身也实行银行化管理,建立贷款责任制度,强化资产负债风险管理,实行相对独立核算,自负盈亏。

设立内部银行方式是把一种模拟的银企关系引入到公司或集团的内部资金管理中,各成员公司或分公司与公司或集团公司的关系是一种贷款管理关系，内部银行成了结算中心、货币发行中心、贷款中心和监管中心。

4. 设立财务公司方式

财务公司又称财务有限公司，是一种经营部分银行业务的非银行金融机构。目前，财务公司的分工差异较大，有的财务公司专门经营抵押放款业务，有的则依靠吸收大额定期存款作为贷款或投资的资金来源，有的财务公司专门经营耐用消费品的租赁或分期付款销售业务。财务公司的经营范围越来越广，几乎与投资银行相同，一些大的财务公司还兼营外汇、联合贷款、包销债券、不动产抵押、财务及投资咨询等。

从财务公司的功能看，集团公司设立财务公司是把一种完全市场化的公司与公司或银企关系引入集团公司内部的资金管理中。财务公司具有以下特征：

(1) 集团各子公司具有完全独立的财权，可以自行经营自身的现金，对现金使用具有决策权。

(2) 集团公司对各子公司的现金控制是通过财务公司进行的。财务公司通过对集团内各成员单位进行贷款或投入资本，以债权人或所有者的身份行使决策权。

(3) 集团公司经营者 (或最高决策机构) 不再直接对子公司的现金使用进行干预。

可以看出，以上四种现金控制方式是随着公司或企业集团在管理模式上的集权逐渐弱化、分权逐渐强化的趋势而变动的。

第四章　财务工作组织

第一节　财务机构

一、财务机构的定义

财务机构是组织内负责财务事务的部门，主要负责资金的筹集、管理、分配和使用。在企业和组织中，财务机构的目标是确保财务资源的有效利用，维护组织的财务健康，同时满足法律法规和内部政策的要求。

二、财务机构的职责

（1）财务规划与控制。财务机构的首要职责是制定财务规划，对组织的收入、支出、资产进行控制和监督，以确保资源的高效利用。

（2）筹资管理。财务机构负责为企业或组织筹集资金，包括银行贷款、股票发行、债券发行等，以满足其业务需求。

（3）投资管理。财务机构评估投资机会，为企业或组织选择合适的投资项目，以实现资产的增值。

（4）税务管理。财务机构负责处理税务事宜，确保企业或组织遵守税收法规，合理规划税收，降低税务风险。

（5）财务报告与分析。财务机构定期编制财务报告，提供关于企业或组织财务状况和业绩的全面信息，为决策提供依据。

（6）内部控制。财务机构负责建立和维护内部控制系统，确保财务活动的合规性和透明度，降低财务风险。

（7）风险管理。财务机构评估和管理企业或组织的财务风险，制定应对策略，以减少潜在损失。

（8）合规监管。财务机构负责遵守各种监管要求，包括金融监管、反洗钱法规等，确保企业或组织的合规性。

总的来说，财务机构在企业或组织中扮演着至关重要的角色，其职责广泛且重要，包括确保财务资源的有效利用、满足法规要求、提供财务报告、管理风险和遵守各种监管要求。

三、财务机构与财务管理的关系

财务机构和财务管理是相互关联、相互影响的。财务机构为企业提供必要的财务信息，而财务管理则对这些信息进行分析和解读，以支持企业的决策。两者之间的紧密合作可以确保企业资源的有效利用，降低财务风险，提高企业的整体绩效。

在实践中，财务机构和财务管理需要密切合作，共同制订企业的财务战略和计划。这包括对企业的资金流动进行全面规划，确保资金的安全性和效率性。此外，二者还需要对市场环境和企业的发展趋势进行密切关注，以便及时调整财务策略，确保企业在竞争激烈的市场中立于不败之地。

四、财务机构与财务功能的关系

财务机构，作为企业或组织的重要组成部分，起着至关重要的作用。财务机构负责管理资金，确保财务活动的顺利进行，并为企业或组织的长期发展提供必要的财务支持。财务功能则是财务机构的核心职责，它涉及财务决策、财务规划、财务控制和财务报告等多个方面。

(一) 财务机构与财务功能的关系分析

财务机构和财务功能是相互依存、相互促进的关系。一方面，财务机构为企业或组织提供必要的财务支持，包括资金筹集、资金分配、风险管理等，这些工作都需要依靠财务功能来完成。另一方面，财务功能的实现也需要财务机构的支持和配合，两者相互依存，缺一不可。

(二) 财务机构如何影响财务功能

(1) 财务机构为企业提供必要的财务管理和监督机制，确保财务活动顺利进行。这包括制定财务管理制度、监督资金使用情况、确保财务信息的真实性和准确性等。这些工作的实施有助于提高企业的财务管理水平，进而促进财务功能的实现。

（2）财务机构通过有效的财务管理，为企业或组织的长期发展提供必要的财务支持。例如，它们可以根据企业的发展战略，制订相应的财务管理计划和预算，为企业的经营和发展提供稳定的资金支持。

(三) 财务功能如何影响财务机构

（1）财务功能通过有效的财务决策、规划、控制和报告，为财务机构提供必要的反馈和指导。这些信息可以帮助财务机构及时调整财务管理策略，提高财务管理效率和质量。

（2）财务功能还为企业或组织的风险管理提供必要的支持。有效的风险评估和风险控制，可以降低企业的财务风险，提高企业的财务管理水平。

综上所述，财务机构与财务功能是相互依存、相互促进的关系。财务机构的职责是为企业或组织提供必要的财务管理和监督机制，而财务功能的实现也需要财务机构的支持和配合。同时，财务功能的实现又反过来影响财务机构的发展和提高，两者相辅相成，共同推动企业的发展和壮大。因此，我们需要重视财务机构和财务功能的关系，加强财务管理，提高企业的财务管理水平，为企业的长期发展提供必要的支持和保障。

五、财务机构的核心组成部分

财务机构的设置和运作涉及企业或组织中财务相关事务的管理、规划和监督。以下是财务机构的核心组成部分及其职责：

(一) 财务部门

负责企业财务管理的核心部门，职责包括制定财务管理制度、组织实施财务管理活动、监督和控制财务收支等。财务部门通常下设会计科、资金科、综合科等科室，各科室都有明确的职责和分工。

(二) 审计部门

负责对企业的财务收支、经济效益、内部控制等方面进行审计监督，确保企业财务管理的规范性和有效性。审计部门通常独立于财务部门，直接向企业高层汇报工作，具有较高的权威性和独立性。

(三) 财务部的人员设置

基本原则要满足企业当前的工作需求。小公司的财务人员在 5～6 名，而大企业的财务人员可以超过 10 名。一般财务部的人员设置会有 1 个财务总监、1 个财务经理、2～3 个会计、1 个出纳员。

(四) 财务部的工作职责

包括财务预算的管理、资金管理、投资融资和担保管理；内部控制管理、资产管理、成本费用的管理；财务分析报告的编制、税务筹划、会计核算；财务档案的管理、财务数据的统计分析。

(五) 财务部工作权限的管理

遵循"会计管账不管钱，出纳管钱不管账"的原则，以避免做假账的风险。对财务各个职位的权限进行管理，如签字流程要经过总经理或董事长。

(六) 财务部各岗位的工作规范

包括对各部门资金的使用、调用，资产的组织、检查、盘点、监督，预算、成本、费用执行监督权，财务凭证保管权，以及本部门员工调动、奖惩、考核权。

综上所述，财务机构的设置和运作需要综合考虑组织结构、职责分配、人员配置和工作规范，以确保财务管理的有效性、透明度。

六、设置财务机构的原则

(一) 专业性与独立性

财务机构的设置首先应遵循专业性和独立性的原则。专业性意味着财务机构的人员应当具备相应的财务知识和技能，能够对公司的财务状况进行深入分析。他们应该能够对各种财务数据进行有效处理，准确预测公司未来的财务状况，以及有效地制定和执行财务策略。独立性则强调财务机构在决

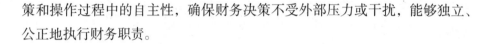

策和操作过程中的自主性，确保财务决策不受外部压力或干扰，能够独立、公正地执行财务职责。

(二)科学性与合理性

科学性和合理性是设置财务机构的重要原则。这意味着财务机构应采用科学的方法和工具进行决策，确保决策的准确性和有效性。同时，财务机构的设置应合理规划，确保各部门之间的协调和配合，避免资源的浪费和冗余。科学的方法和合理的规划，可以提高财务机构的效率和准确性，为公司的发展提供有力的支持。

(三)灵活性与适应性

财务机构应具备灵活性和适应性。随着公司业务的发展和变化，财务机构能够灵活应对各种变化，及时调整策略和方案。同时，财务机构要适应不断变化的市场环境，及时调整财务策略，以适应市场的需求和变化。这种灵活性和适应性可以确保财务机构能够适应公司的发展需求，为公司的发展提供持续的支持。

(四)精简性与效益性

精简性和效益性是设置财务机构的重要原则。精简性意味着财务机构应尽可能地精简人员和流程，以提高工作效率和效果。这可以通过优化工作流程、提高员工技能、减少重复性工作等方式来实现。效益性则强调财务机构应以最小的成本实现最大的效益。这意味着财务机构应注重成本效益分析，在保证工作质量的前提下，尽可能地降低成本，提高公司的经济效益。

总的来说，设置财务机构应遵循专业性与独立性、科学性与合理性、灵活性与适应性及精简性与效益性的原则。这些原则有利于财务机构服务公司，同时也为公司带来更高的经济效益。同时，也需要在实践中不断探索和创新，以适应不断变化的市场环境。

七、财务机构设置模式

财务机构的设置模式主要有三种：直线职能制、事业部制和区域制。根据实际情况选择合适的模式。这三种模式各有利弊，适用范围不同。具体如下：

（1）直线职能制的特点是集权为主、分权为辅。其优点是统一指挥、命令明确、职责清晰、决策快捷。缺点是可能导致官僚作风、控制严紧、反应迟缓等弊端。适用于规模较小、业务相对简单的企业。

（2）事业部制是按照产品、地区或客户等设立事业部或分支机构，每个事业部实行独立核算。其优点是职责清晰、责任明确、权力下放、灵活性强。缺点是管理层较多、协调工作量大、管理成本较高。适用于规模较大、业务复杂的企业。

（3）区域制是将财务人员按地区或分支机构进行划分，设立区域财务机构或分支机构。其优点是便于管理、协调工作量小、工作效率高。缺点是可能存在信息传递不畅、决策缓慢等问题。适用于规模较大、分支机构较多的企业。

八、财务机构的主要岗位及职责

根据企业规模和业务特点，财务机构可分为以下五个主要岗位：财务主管、会计主管、资金主管、税务主管、财务分析主管。各个岗位的职责如下：

（1）财务主管负责主持本机构的全面工作，负责制订本机构的业务计划和实施方案，并组织实施。参与本机构的决策过程和制定战略方针。领导和组织会计人员和审计人员完成本职工作和保证各项计划的实施，并向股东大会汇报工作成果和效益情况。监督和管理各分支机构的资金状况和其他财产的安全状况，以实现资产增值和资金优化运作。保持和税务主管良好的关系以确保依法合规缴纳税收和管理好纳税工作，以提高企业整体的社会效益和市场信誉度。制定各项内部财务管理规章制度并监督执行，负责会计人员的考核和任免等工作，监督内部审计工作的有效执行等。确保所有符合会计法规定的经济活动都被准确无误地记录下来。配合企业领导制定决策和管理公司运作中资金使用的情况，进行风险控制等工作。保持和内外部审计的良好关系，以使财务部门的工作得以顺利开展并符合公司的发展需要。参与公司重大经济合同和经济计划的研究和决策。组织本部门人员学习培训和业务交

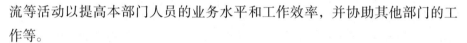

流等活动以提高本部门人员的业务水平和工作效率，并协助其他部门的工作等。

（2）会计主管负责建立和完善财务管理系统及会计账目和报表的编制工作；审核各项经济活动有关的凭证；编制记账凭证并登记账簿；编制各种类型的会计报表及各种辅助账簿；负责税务申报工作；负责财务档案的整理和归档等工作；协助财务主管完成其他相关工作等。

（3）资金主管负责资金的筹措和管理；负责资金的调度和使用；负责对外投资活动的监管；协助其他部门完成相关的工作等。

（4）税务主管负责税收法规的收集整理和宣传工作；负责纳税申报工作和税收筹划工作；协助其他部门完成相关的工作等。

（5）财务分析主管负责对企业的财务状况进行分析和管理；负责预算编制和分析工作；协助其他部门完成相关的工作等。

总之，企业财务机构的设置原则是集权与分权相结合，根据实际情况选择合适的模式并确保依法合规缴纳税收和管理好纳税工作，以提高企业整体的社会效益和市场信誉度。同时，根据企业规模和业务特点设立合理的岗位并明确各个岗位的职责以确保财务管理工作的顺利进行并符合公司的发展需要。这样才能有效控制企业成本并保证资产安全，同时最大化提升企业整体的经济效益和社会效益。

九、有效设置财务机构的策略

（一）明确目标与定位

在设置财务机构时，首先要明确财务机构的总体目标。这个目标应该清晰、具体，并且能够反映财务机构的使命和愿景。财务机构的目标应该根据企业的战略目标来制定，并随着企业战略的变化而调整。此外，财务机构还需要设定一系列的阶段性目标，以确保财务工作的有序进行。

（二）层级结构合理

财务机构的层级结构应该清晰、简洁，并且能够确保信息在各级之间的有效传递。通常，财务机构应包括高层管理、中层管理和基层管理三个层级。每个层级都应该有自己的职责和权限，以确保财务工作的有效执行。此外，还应设立一个有效的反馈机制，以便在出现问题时能够及时调整。

(三) 职责明确

为了确保财务机构的高效运行，必须明确每个人的职责。这包括各级管理人员、会计人员、出纳人员和其他支持人员的职责。每个人都应该清楚地知道自己的工作范围和要求，并能够有效地与其他部门进行合作。此外，定期的绩效评估和反馈也是确保职责明确的重要手段。

(四) 分工合理

财务机构的分工应该根据每个人的技能和经验进行，以确保每个人都能在自己的领域内发挥最大的作用。分工应该避免重复和交叉，以确保财务工作的效率和质量。此外，对于关键岗位，如财务主管、会计主管等，应该实行轮岗制度，以增强他们的全面能力和应对变化的能力。

(五) 优化资源配置

财务机构的资源配置是确保财务工作顺利进行的关键。这包括人员、时间、物资、设备等方面的配置。在配置资源时，应该根据工作需求和人员能力进行，以确保资源的充分利用。此外，还应该根据市场变化和业务需求的变化，及时调整资源配置，以适应不断变化的环境。

有效的财务机构设置需要明确的目标和定位、合理的层级结构、明确的职责分工、有效的资源配置及良好的沟通机制。这些要素共同构成了财务机构的基石，确保了财务工作的顺利进行和企业战略目标的实现。在设置财务机构时，应充分考虑企业的实际情况和需求，灵活调整策略和方法，以适应不断变化的市场环境。同时，还应注重人才培养和团队建设，提升财务机构的整体素质和竞争力。只有这样，才能真正实现财务机构的优化设置，为企业的发展壮大提供坚实的保障。

十、财务机构的独立设置

随着企业规模的不断扩大和业务的多元化，财务机构的设置越来越重要。财务机构的独立设置不仅能够确保企业财务工作的规范化和专业化，还能为企业的长期发展提供有力支持。

(一) 财务机构独立设置的重要性

(1) 提升财务管理水平。财务机构的独立设置能够确保财务人员专注于财务工作，减少其他部门的交叉干扰，从而提高财务管理水平。

(2) 增强企业决策支持。独立的财务机构能够提供更全面、更准确的财务数据和信息，为企业决策提供有力支持。

(3) 强化内部控制。财务机构的独立设置有利于强化内部控制，降低财务风险，保障企业资产安全。

(二) 财务机构独立设置的影响

(1) 提升企业形象。独立的财务机构能够展示企业的规范化和专业化程度，提升企业形象。

(2) 降低沟通成本。财务机构的独立设置能够减少与其他部门的沟通成本，提高工作效率。

(3) 优化资源配置。独立的财务机构能够更全面地分析企业的财务状况，优化资源配置，提高企业效益。

(三) 实施策略

(1) 建立独立的财务机构。企业应设立专门的财务部门或财务子公司，确保财务机构的独立性。

(2) 明确职责分工。财务机构内部应明确职责分工，确保各岗位之间的相互监督和制约。

(3) 加强内部控制。建立健全内部控制制度，确保财务工作的规范化和专业化。

(4) 提高财务人员素质。加强财务人员培训，提高其专业素质和综合能力，以满足企业发展的需求。

综上所述，财务机构的独立设置对于企业的长期发展具有重要意义。通过建立独立的财务机构、明确职责分工、加强内部控制和提高财务人员素质等措施，企业可以提升财务管理水平，增强企业决策支持，强化内部控制，降低沟通成本，优化资源配置，从而提高企业的效益和市场竞争力。然而，在实施过程中，企业还需根据自身实际情况进行调整和完善，以确保财务机构的独立设置能够真正发挥其作用。

十一、单一企业财务机构的设置

单一企业财务机构的设置是一项重要的管理工作，它涉及企业的资金管理、预算、税收等方面。对于不同的企业来说，财务机构的设置也需要考虑其规模、业务复杂度及企业的战略目标等因素。以下将分别讨论两种常见的财务机构设置模式：以会计为轴心的财务机构和与会计机构并行的独立财务机构。

(一) 以会计为轴心的财务机构

这种财务机构设置模式是以会计部门为核心，由会计部门负责财务管理的主要职责。这种模式通常适用于规模较小、业务相对简单的企业。在这种模式下，会计部门不仅负责日常的会计核算工作，还要负责财务计划的制订、预算的编制、资金的管理及税收筹划等工作。这种设置模式有利于提高财务管理的效率，会计部门与企业的其他部门联系紧密，因此，能够及时了解企业的经营状况，从而做出相应的财务决策。

然而，这种模式也存在缺点。首先，会计部门承担了过多的职责，可能会导致财务决策的制定不够专业和全面。其次，会计部门与其他部门之间的沟通不够顺畅，可能会导致信息传递的滞后和被误解。为了解决这些问题，企业可以考虑设立专门的财务分析部门或财务顾问，以协助会计部门更好地履行财务管理职责。

(二) 与会计机构并行的独立财务机构

与会计机构并行的独立财务机构是一种较为复杂的财务机构设置模式，它通常适用于规模较大、业务复杂度较高的企业。在这种模式下，财务机构与会计部门并行，但职责相对独立。独立财务机构通常具有财务计划、预算、资金管理、风险管理、税收筹划等职能。这种设置模式有利于提高财务决策的专业性和全面性，因为独立的财务机构能够更好地了解企业的经营状况和行业趋势，从而制定出更加符合企业战略目标的财务决策。

然而，这种模式也存在缺点。首先，由于财务机构与会计部门之间的职责相对独立，可能会存在信息传递不畅和沟通困难的问题。其次，财务机构的规模较大，管理难度也相应增加。为了解决这些问题，企业可以考虑设立专门的财务协调部门或财务顾问团队，以协调财务机构与会计部门之间的沟通和协作。

总之，单一企业财务机构的设置需要考虑企业的规模、业务复杂度及企业的战略目标等因素。在选择财务机构设置模式时，企业需要综合考虑各种因素，以制定出符合自身实际情况的财务机构设置方案。在以上两种模式中，企业可以根据自身的情况选择适合的方案，并在实践中不断优化和完善。

十二、集团企业财务机构的设置

(一) 财务机构的设置

集团企业的财务机构属于管理型财务机构，它不直接干预企业的日常经营活动，而是根据集团公司董事会、股东会决议的授权对所属企业(含子公司、分公司、控股公司等)实行集中管理。一般来讲，集团企业财务机构的设置应考虑财务监控方式、财会管理层次和管理幅度、集权与分权程度及信息沟通等诸因素。在实际操作中，有以下三种财务机构设置模式可供参考：

(1)集权型财务机构设置模式。其优点是便于集团公司对所属企业实施严格的监控，便于统一调度资金，控制负债，节约财务费用。缺点是子公司资金的完全统一，可能会影响其经营的灵活性和效率，子公司缺少理财的自主权，会感觉有"上级部门"的束缚，一定程度上会影响其经营的积极性。或者集团公司控股设立财务公司。由于财务公司以盈利为目的，从事资金融通和金融服务，会增加财务公司的经营风险，同时也可能会形成集团公司的新的负债，因此要慎重考虑是否设立财务公司。

(2)集团公司所属子公司设财务部门。各子公司具有较大的理财自主权，资金使用通过集团内部银行结算系统逐笔向集团公司汇报并审批。这种模式下子公司的积极性比较高，可以充分发挥内部银行的作用。缺点是集团公司的工作量大，只有建立了高效的信息系统才能确保信息的及时性。另外，子公司完全由决策层控制，容易被子公司高层舞弊，因此要设计合理的内部控制系统。

（3）集团公司内部扁平化的财务控制模式。由于集团公司内部信息系统的完善，电子技术和网络技术的运用，以及财务管理软件的广泛使用，有些集团公司在资金集中管理的同时取消了财务部门（子公司内部），所有的经济业务通过网络系统直接报送给集团公司（当然对重要的业务还保留审批程序）。这种扁平化的模式可以大大提高工作效率，降低工作量，但同时也加大了内部控制的风险。

（二）财务机构的职能

集团企业财务机构的职能是进行资金的融通、调度、监督、控制和统一管理。具体来说包括以下五个方面：

（1）资金的筹集职能。集团企业应根据生产经营的需要合理筹集资金，既要避免因资金不足无法开展业务，又要防止资金多余沉淀而增加成本。

（2）资金的调度与监控职能。集团企业应建立资金的计划管理程序，合理调度资金并对其使用情况进行监督控制，保证资金的使用效率与安全。

（3）投资决策的职能。集团企业应统一管理所属企业的对外投资活动，包括投资方案的策划、审批、实施、收回等全过程监控与决策。

（4）成本控制职能。集团企业应通过集中管理会计资料和实施成本核算制度等方法对所属企业进行成本控制。

（5）财务分析与评价职能。集团企业应建立有效的财务分析体系，对所属企业报送的会计报表等资料进行分析评价，及时发现问题并予以解决。

（三）优化集团企业财务机构设置的措施

集团企业财务机构的设置应该是一个动态的过程，不应是一成不变的，而应根据企业的发展战略、经营环境的变化及财务管理技术的更新等因素进行调整和优化。一般来说可以采取以下措施：

（1）优化财务管理信息系统。财务管理信息系统是优化财务机构设置的基础和工具，没有高效的信息系统支持就不会有高效率的财务管理机构。在信息系统建设过程中要处理好与现有会计软件的关系，既要保证系统的独立性以利于数据的集中管理，又要保证系统的兼容性以利于数据的共享和交换。

（2）建立科学的财务管理体制。财务管理体制是优化财务机构设置的制度基础，建立科学的财务管理体制既可以避免多头管理、各自为政的局面，又可以避免集权过度的僵化局面。在制定财务管理体制时要充分发扬民主决策的思想，既考虑企业的现实情况又要考虑企业的发展需要，同时还要充分听取所属企业的意见和建议以获得支持。

（3）建立科学的业绩评价体系。科学的业绩评价体系是优化财务机构设置的重要配套措施之一，它可以帮助企业正确评价所属企业的经营业绩并据此奖惩所属企业以及相关人员。在制定业绩评价体系时要坚持客观性、全面性、重要性、可行性的原则，既要防止浮夸，又要防止片面性；既要考核经营业绩，又要考虑企业的未来发展潜力；既要考核硬性指标，又要考核软性指标（如产品质量、售后服务等）。

（4）加强内部审计工作。内部审计既是内部控制的重要组成部分，也是优化财务机构设置的重要配套措施之一。加强内部审计工作，可以及时发现并解决财务管理过程中出现的问题及可能存在的舞弊行为，提高财务管理工作的效率和质量，增强所属企业的财务管理意识的同时，也提高了集团企业对所属企业的监控力度，保证了整个管理体系的高效运行和良性循环。

十三、财务机构的持续优化

(一) 财务机构持续优化的重要性

财务机构作为企业的重要组成部分，是企业运营的基础和关键。随着市场竞争的加剧和企业规模的扩大，财务机构需要不断优化，以适应新的市场环境和企业的需求。财务机构持续优化不仅能提高企业的财务管理水平，还能降低财务风险，提高企业的竞争力。

(二)财务机构持续优化的建议

随着科技的飞速发展,财务机构正面临着前所未有的挑战和机遇。为了在这个不断变化的环境中保持竞争力,财务机构需要采取一系列的优化策略,具体如下。

1. 数字化

数字化是财务机构优化策略的基础。通过引入先进的信息技术,如大数据、人工智能和云计算等,财务机构可以提高工作效率,降低成本,并为客户提供更高效、更个性化的服务。

(1)数据分析。利用大数据技术,财务机构可以深入挖掘和分析客户数据,以提供更精准的财务咨询服务。

(2)自动化交易处理。通过引入人工智能和机器学习技术,财务机构可以自动化处理大量重复的交易,释放人力资源,提高工作效率。

(3)数字化服务。建立全面的数字化平台,为客户提供线上、线下一体化的服务,提升客户体验。

2. 自动化

自动化是财务机构优化策略的关键部分。通过引入自动化工具和技术,财务机构可以提高工作效率,减少人为错误,并降低运营成本。

(1)流程自动化。利用自动化软件和工具,财务机构可以自动化处理一些常规的、重复的工作流程,如生成报告、申报税务等。

(2)自助服务。通过自助服务系统,客户可以自行完成一些基本的财务操作,如查询账户信息、提交报销申请等,提高客户满意度。

(3)机器人流程自动化(RPA)。RPA技术可以模拟人类在计算机上执行任务的过程,如数据录入、数据验证等。这不仅可以提高工作效率,还可以减少人为错误。

3. 智能化

智能化是财务机构优化策略的未来方向。通过引入人工智能技术,财务机构可以提高决策的准确性和效率,为客户提供更优质的服务。

(1)智能决策支持。利用人工智能技术,财务机构可以建立智能决策支持系统,根据实时数据和历史数据提供精准的决策建议。

（2）智能风险评估。通过引入机器学习算法，财务机构可以对财务风险进行智能评估，提高风险管理的效率和质量。

（3）智能咨询助手。通过开发智能咨询助手，财务机构可以为客户提供个性化、智能化的咨询服务，提高服务质量。

4. 流程优化

流程优化是财务机构持续优化的基础。首先，应明确并简化核心业务流程，包括财务报告、预算编制、税务处理等。使用自动化和数字化工具，可以提高效率，减少人为错误，并确保数据的一致性和准确性。此外，定期审查和改进流程也是必要的，以应对市场变化和业务需求。

其次，建立跨部门的协同工作流程也是至关重要的。这有助于提高工作效率，减少重复劳动，并确保各部门之间的信息流通畅通无阻。通过优化流程，财务机构可以提高整体运营效率，降低成本，并提高客户的满意度。

5. 风险管理

风险管理是财务机构持续优化的另一个关键领域。首先，应建立健全的风险管理框架，包括风险识别、评估、报告和应对机制。这有助于识别和应对潜在的财务风险，如信用风险、市场风险和操作风险等。

其次，定期进行风险评估和审计也是必要的，以确保所有风险都得到适当的管理和监控。此外，应建立风险应急计划，以便在发生意外事件时能够迅速应对。通过风险管理，财务机构可以降低潜在损失，提高业务稳定性，并增强投资者和客户的信心。

6. 人才发展

人才发展是财务机构持续优化的重要驱动力。首先，应建立一套完善的培训和发展计划，以提高员工的专业技能和知识水平。这包括提供内部培训、外部研讨会和在线教育等机会。通过提高员工的能力，财务机构可以提高工作效率，增强创新能力，并提高员工满意度。

其次，应积极吸引和留住高素质人才。为此，财务机构可以提供具有竞争力的薪酬和福利，以及良好的职业发展机会。此外，建立开放和包容的工作环境也是吸引和留住人才的关键。通过人才发展，财务机构可以提高整体竞争力，实现可持续发展。

7. 跨部门合作

财务机构的发展需要各部门之间的密切配合和有效沟通。打破部门间的壁垒，加强财务部门与其他部门的合作，有助于实现资源共享和优势互补，提高整体工作效率。

（1）优化信息共享机制。建立跨部门的信息共享平台，促进各部门之间的信息传递和交流，使财务数据能够实时更新并反馈给其他部门，以便做出更准确的决策。

（2）培养团队协作精神。定期组织跨部门培训和交流活动，增强员工之间的团队协作意识和能力，增强团队的凝聚力。

（3）强化风险意识。财务部门应与其他部门共同关注风险防控，确保财务数据真实、准确、完整，降低财务风险。

8. 灵活应对市场变化

面对不断变化的市场环境，财务机构需要具备快速响应和调整的能力。以下是四种应对市场变化的策略：

（1）建立敏捷组织。财务机构应建立敏捷组织，鼓励员工勇于尝试新方法、接受挑战，以适应不断变化的市场环境。

（2）优化决策支持系统。利用大数据、人工智能等技术手段，构建更精准的决策支持系统，提高财务决策的效率和准确性。

（3）提升创新能力。加大对新技术、新业务的研发投入，提升财务机构的创新能力，以适应市场发展的需要。

（4）优化客户服务。关注客户的需求，不断提升客户服务水平，增强客户黏性和满意度。

总之，财务机构持续优化的策略包括数字化、自动化、智能化、流程优化、风险管理、人才发展、跨部门合作和灵活应对市场变化等方面。通过实施这些策略，财务机构可以提高效率、准确性、合规性和安全性，更好地满足市场需求和客户需求。

第二节　财务人员

一、财务人员及其职责

(一) 厂长 (经理) 的财务管理权责

厂长 (经理) 全面负责企业的日常管理，其在财务管理方面的权责一般包括：

(1) 遵守国家法律法规。

(2) 根据企业财务预算方案组织好企业的生产经营。

(3) 具体确定企业内部财务管理机构设置。

(4) 组织拟定企业内部财务管理办法。

(5) 接受企业内部审计机构的财务检查，以及财政、税务、审计机关的监督等。

(二) 财务负责人的财务管理权责

企业财务负责人包括总会计师或行使总会计师职权的企业领导人员，他们向总经理负责。其财务管理权责一般包括：

(1) 宣传贯彻国家相关财务政策。

(2) 审核重要财务事项。

(3) 协调各职能部门、基层单位与财务部门的关系。

(4) 组织制定财务预算，负责预算方案的实施，并督促企业财务部门下达落实成本、费用、利润等考核指标。

(5) 定期检查各职能部门、各基层单位的财务预算执行情况，研究解决执行中的问题。

(6) 负责组织企业财务核算、审核财务决算等。

(三) 财务人员的财务管理权责

这里的财务人员是指在企业财务部门工作的管理人员。他们的管理权责一般包括：

（1）负责财务预算的编制、执行、检查、分析。

（2）具体制定企业内部财务管理办法，组织、指导基层单位的财务管理和经济核算。

（3）如实反映本单位的财务状况和经营成果，监督财务收支，依法计算缴纳国家税收并向有关方面报送财务决算。

（4）参与企业的经营决策，统一调度资金，统筹处理财务工作中出现的问题。

二、财务人员的素质

财务管理工作是专业性较强的管理工作，对财务人员的素质要求较高。财务人员不仅要有专业知识和技能，而且要有处理各种财务关系和社会关系的非财务素质。

（1）科学文化素养。现代社会是知识经济社会，只有专业知识和技能，没有广博的社会科学和自然科学知识，没有高度的科学文化素质作为基础，专业知识和技能就难以得到充分的发挥。同时，财务人员还应具备获取、筛选、处理信息的能力。面对当今日益膨胀的各种信息资源，只有具备这种能力，财务人员才能去粗取精，获取有用信息，为财务管理和决策服务。

（2）组织能力。组织能力在现在和未来的公司财务工作中是非常重要的。对企业财力物力的调拨、设置工作流程、制定财务战略、寻找获利机会等，所有这些都需要财务人员有高水平的组织能力。财务人员的组织与控制能力决定着企业财务计划和财务目标的实现程度。

（3）分析判断能力。对财务人员分析判断能力的要求主要有以下两个方面：一是对当前所处经济发展周期阶段和未来趋势，以及市场环境变化等宏观和企业外部状况做出分析判断，以便识别资本市场的财务机会和财务风险，为财务决策提供科学的依据；二是将企业的财务活动分割为许多财务现象或分解为不同的财务部分，进而从各种财务活动现象中，寻找一些规律和存在的问题。

（4）参与决策能力。现代企业管理经营的重点在于决策。经理等高级管理人员进行经营决策，包括财务部门在内的各职能部门提供决策依据、参与决策。为此，财务人员应具备进行财务信息交流、参与决策的能力，培养办

事干练、决策果断的习惯。

(5) 协调沟通能力。现代社会日益开放，人们需要掌握协调沟通能力，以便进行广泛的社会交往。员工的协调沟通能力是企业文化的一部分，它可以形成一种向心力，成为企业的竞争优势。财务人员需要学会与各种各样的人打交道，与跟自己利益一致或不一致的人合作、共处，以实现工作目标。财务人员只有具备了较强的协调沟通能力，才能保证企业财务工作高效运行。

(6) 学习和创新能力。学习和创新能力已经成为现代企业核心竞争力的一部分。财务人员面对快速变化的经济环境，需要不断学习新知识，充实自我，以适应工作要求。

(7) 数字与计算的能力。财务和数学、数字是密不可分的，财务人员必须具备灵敏的数学计算分析能力、对数字的反应能力及判断力。为了选择一个最佳方案，财务人员需要建立数学模型进行精确的计算和比较。财务人员提供的数据必须保证日与日、月与月之间的衔接，部门和部门之间的配合。这种顺利通畅将是实现长期高效运作的关键所在。

三、财务人员的职业发展

在当今的商业环境中，财务人员扮演着至关重要的角色。他们负责企业的财务管理、成本控制、风险评估及决策支持，是企业成功运营的关键因素。

(一) 财务人员的职业发展路径

(1) 初级财务人员。这是财务团队的基础部分，其主要负责日常的账务处理、报销、工资核算等事务性工作。在这个阶段，初级财务人员通常会学习基本的财务知识和技能，熟悉各种会计原则和法规。

(2) 中级财务人员。当经验积累到一定程度，初级财务人员会晋升到中级职位，如财务分析师、预算分析师等。他们需要分析财务数据，提供决策支持，参与预算制定和执行。

(3) 高级财务人员。在这个阶段，财务人员通常会负责更广泛的财务职责，如管理财务团队、制订战略计划、评估风险等。他们需要具备深厚的财务知识、出色的领导能力和战略眼光。

（4）首席财务官（CFO）。这是财务人员的最高职位，负责监督整个公司的财务活动，制定战略规划，参与重大决策。CFO需要具备深厚的财务专业知识、出色的领导力、战略眼光和广阔的商业视野。

（二）财务人员面临的机遇

（1）技能提升。随着企业规模的扩大和业务的多样化，财务人员需要不断学习新的财务技能和知识，以适应不断变化的商业环境。

（2）职业晋升。随着职位的晋升，财务人员有机会参与更多的决策过程，为企业创造更大的价值。同时，他们也有机会获得更高的薪资和更好的职业发展前景。

（3）多元化的工作机会。在数字化和自动化趋势的影响下，财务人员不再只是处理账务和报表，他们还可以参与数据分析和预测、风险管理、战略规划等工作，为企业提供更全面的决策支持。

（三）财务人员面临的挑战

（1）法规和合规性。财务人员需要不断学习新的法规和政策，确保企业的财务活动符合法规要求。同时，他们还需要密切关注税收政策的变化，以避免潜在的税务风险。

（2）数据安全和隐私。随着企业数据的增加，财务人员需要确保数据的安全性和保密性，防止数据泄露和滥用。

（3）数字化转型。数字化和自动化趋势对财务人员提出了更高的要求，他们需要掌握新的技能和工具，以适应变化。

（4）团队合作和领导力。随着职位的提升，财务人员需要与不同部门的人员合作，应具备出色的团队合作能力和领导力。

总的来说，财务人员的职业发展充满了机遇和挑战。他们需要不断提升自己的技能和知识，以适应不断变化的商业环境。同时，他们还需要具备出色的领导力和团队合作能力，以应对日益复杂的职业挑战。对于想要在财务领域取得成功的财务人员来说，持续学习、适应变化、团队合作和领导力都是必不可少的。

四、财务人员综合能力提升的策略

在当前竞争激烈的商业环境中，财务人员的能力和素质对于企业的成功至关重要。为了应对不断变化的市场需求和挑战，财务人员需要不断提升自己的综合能力，以更好地服务于企业和股东。

(一) 持续学习新技能

在当今快速发展的商业环境中，财务人员需要不断学习新的财务知识和技能，以适应不断变化的行业和市场。为了实现这一目标，财务人员应该积极参与各种培训和研讨会，了解最新的财务理念和工具，如财务分析、风险管理、税收筹划等。此外，财务人员还应该学习一些非财务语言，如数据分析、人工智能等，以提高自己的综合素质和竞争力。

(二) 提高沟通与协调能力

财务人员需要与各个部门和团队进行有效的沟通和协调，以确保财务信息的准确性和及时性。为了实现这一目标，财务人员应该学会倾听和理解其他部门的需求和问题，并提供有效的解决方案。此外，财务人员还应该与其他部门建立良好的合作关系，以共同应对挑战。

(三) 提升风险管理能力

随着市场竞争的加剧，企业面临的风险也在不断增加。财务人员需要提升风险管理能力，以帮助企业识别潜在的风险。为了实现这一目标，财务人员应该了解各种风险类型和评估方法，如市场风险、信用风险、操作风险等。此外，财务人员还应该与其他部门合作，共同制定风险应对策略和措施，以确保企业的稳健发展。

(四) 增强决策支持能力

财务人员需要为企业提供决策支持，以帮助企业做出明智的决策。为了实现这一目标，财务人员应该具备数据分析和解读能力，能够从数据中提取有价值的信息，并运用这些信息为企业的战略规划和决策提供支持。此外，财务人员还应该了解企业的业务和市场情况，以便更好地了解企业的需求和挑战。

(五) 培养领导力和团队协作能力

在当今的企业环境中，领导力和团队协作能力对于财务人员来说同样重要。财务人员应该学会如何领导团队、激励员工、解决问题和决策。此外，财务人员还应该注重团队协作能力的培养，学会与其他部门和团队成员合作，共同解决问题和达成目标。通过培养领导力和团队协作能力，财务人员可以更好地融入企业环境，为企业创造更大的价值。

(六) 注重自我反思和持续改进

在提升综合能力的过程中，财务人员需要注重自我反思和持续改进。他们应该定期回顾自己的工作表现和不足之处，找出需要改进的地方并制订相应的计划和措施。通过不断反思及改进自己的工作方式，财务人员可以提高自己的工作效率和质量，从而更好地服务于企业和股东。

总之，财务人员综合能力的提升是一个持续的过程。通过持续学习新技能、提高沟通与协调能力、增强风险管理能力、增强决策支持能力、培养领导力和团队协作能力及注重自我反思和持续改进等策略，财务人员可以不断提升自己的综合能力，更好地服务于企业和股东。

第五章　事业单位财务审计的内涵与程序

第一节　事业单位财务审计的含义、责任事项、特征及作用

一、审计概述

(一) 审计的定义

审计是由国家授权或接受委托的专职机构和人员，依照国家法规、审计准则和会计理论，运用专门的方法，对被审计单位的财政、财务收支、经营管理活动及其相关资料的真实性、正确性、合规性、合法性、效益性进行审查和监督，评价经济责任，鉴证经济业务，用以维护财经法纪、改善经营管理、提高经济效益的一项独立性的经济监督活动。

(二) 审计的特征

1. 独立性特征

独立性既是审计的本质特征，也是保证审计工作顺利进行的必要条件。

国内外审计实践经验表明，审计在组织上、人员上、工作上、经费上均具有独立性。为确保审计机构独立地行使审计监督权，审计机构必须是独立的专职机构，应单独设置，与被审计单位没有组织上的隶属关系。为确保审计人员能够实事求是地检查、客观公正地评价与报告，审计人员与被审计单位不能存在任何经济利益关系，不参与被审计单位的经营管理活动；如果审计人员与被审计单位或者审计事项有利害关系，应当回避。审计人员依法行使审计职权应当受到国家法律保护。审计机构和审计人员应依法独立行使审计监督权，必须按照规定的审计目标、审计内容、审计程序，并严格地遵循审计准则、审计标准的要求，进行证明资料的收集，做出审计判断，表达

审计意见，提出审计报告。审计机构和审计人员应保持执业中精神上的独立性，不受其他行政机关、社会团体或个人的干涉。审计机构应有自己专门的经费来源或一定的经济收入，以保证有足够的经费独立自主地进行审计工作，不受被审计单位的牵制。

2. 权威性特征

审计的权威性，是保证有效行使审计权的必要条件。审计的权威性总与独立性相关，它离不开审计组织的独立地位与审计人员的独立执业。各国国家法律对实行审计制度、建立审计机关及审计机构的地位和权力都做了明确规定，使审计组织具有法律的权威性。我国审计监督制度在宪法中做了明文规定，审计法中又进一步规定：国家实行审计监督制度。国务院和县级以上地方人民政府设立审计机关。审计机关依照法律规定的职权和程序，进行审计监督。

审计人员依法执行职务，受法律保护。任何组织和个人不得拒绝、阻碍审计人员依法执行职务，不得打击报复审计人员。审计机关负责人在没有违法失职或者其他不符合任职条件的情况下，不得随意撤换。审计机关有要求报送资料权，检查权，调查取证权，采取临时强制措施权，建议主管部门纠正其有关规定权，通报、公布审计结果权，对被审计单位拒绝、阻碍审计工作的处理、处罚权，对被审计单位违反预算或者其他违反国家规定的财政收支行为的处理权，对被审计单位违反国家规定的财务收支行为的处理、处罚权，给予被审计单位有关责任人员行政处分的建议权等。我国审计人员依法行使独立审计权时受法律保护，如被审计单位拒绝、阻碍审计时，或有违反国家规定的财政财务收支行为时，审计机关有权做出处理、处罚的决定或建议，这更加体现了我国审计的权威性。审计人员应当具备与其从事的审计工作相适应的专业知识和业务能力。审计人员应当执行回避制度和负有保密的义务，审计人员办理审计事项应当客观公正、实事求是、廉洁奉公、保守秘密。审计人员滥用职权、徇私舞弊、玩忽职守，构成犯罪的，依法追究刑事责任；不构成犯罪的，给予行政处分。这样不仅有利于保证审计执业的独立性、准确性和科学性，而且有利于提高审计报告与结论的权威性。

根据我国审计法规的要求，被审计单位应当坚决执行审计决定，如将非法所得及罚款按期缴入审计机关指定的专门账户。对被审计单位和协助执行单位未按规定期限和要求执行审计决定的，应当采取措施责令其执行；对拒不执行审计决定的，申请法院强制执行，并可依法追究其责任。由此可见，我国政府审计机关的审计决定具有法律效力，可以强制执行，这也充分地显示了我国审计的权威性。

我国的社会审计组织，也是经过有关部门批准、登记注册的法人组织，依照法律规定独立承办审计查账验证和咨询服务业务，其审计报告对外具有法律效力，这也充分体现它同样具有法定地位和权威性。我国内部审计机构也是根据法律规定设置的，在单位内部具有较高的地位和相对的独立性，因此也具有一定的权威性。各国为了保障审计的权威性，从法律上赋予审计超脱的地位及监督、评价、鉴证职能。一些国际性的组织为了提高审计的权威性，也通过协调各国的审计制度、准则及制定统一的标准，使审计成为具有权威性的专业服务。

3. 公正性特征

与权威性密切相关的是审计的公正性。从某种意义上说，没有公正性，也就不存在权威性。审计的公正性，反映了审计工作的基本要求。审计人员理应站在第三者的立场上，进行实事求是的检查，做出不带任何偏见的、符合客观实际的判断，并做出公正的评价和进行公正的处理，以正确地确定或解除被审计人的经济责任。审计人员只有同时保持独立性、公正性，才能取信于审计授权者或委托者及社会公众，才能真正树立审计权威的形象。

(三) 审计的分类

1. 按照执行主体分类

（1）政府审计

政府审计是指由政府审计机关对被审计单位的财务活动进行的审计。这种审计的主要目的是保证国家财政资金的使用合规、合法，防止财务舞弊和浪费。政府审计的范围通常涵盖国家的各个部门、机构和组织，具有高度的权威性和强制性。

（2）独立审计

独立审计是由独立的审计机构进行的审计，通常由注册会计师完成。独立审计的主要目的是提供客观的财务报告和合规性保证，帮助客户改善内部控制和风险管理，同时也为投资者、股东和利益相关者提供必要的信心。

（3）内部审计

内部审计是单位内部的一种自我监控机制，是由内部审计机构对内部业务流程、财务报告、内部控制等进行评估。内部审计的主要目的是提高组织的效率和效果，发现并防止潜在的风险和问题。内部审计的特点是针对性强、信息保密、服务对象明确，通常由组织内部的管理层授权进行。

（4）三种审计方式的比较

①执行主体。政府审计和独立审计的执行主体通常是独立的第三方机构，而内部审计则是由单位内部的机构执行。

②目的。政府审计和独立审计的主要目的是提供外部监督和保证财务的合规性，而内部审计的主要目的是提高内部效率和效果、自我监控和预防风险。

③范围。政府审计和独立审计的范围通常更广泛，涉及整个组织的财务活动，而内部审计则更关注特定的内部业务流程和报告。

综上所述，不同类型的审计在目的、范围和执行主体上有所不同，各有其特点和优势。在实际工作中，单位或组织应根据自身的实际情况，选择合适的审计方式，以实现有效的自我监控和风险预防。

2. 四种财务审计类别

在单位的运营过程中，审计是一个至关重要的环节。审计工作涵盖各种不同的类别，财务审计是其重要类别之一。财务审计主要关注财务报表的公允性和合规性，它为单位管理层提供了对财务报告的客观、独立的评估，同时为利益相关者提供了对单位的信任基础。在此，我们将探讨以下四种主要的财务审计类别：运作审计、遵行审计、财务报表审计及信息科技审计。

（1）运作审计

运作审计也被称为经营审计或管理审计。这类审计主要关注单位的内部运营过程，包括业务流程、组织结构、人力资源管理和控制系统等。运作审计的目的是确保单位的运营活动能够有效地实现目标、提高效率和降低成本。通过运作审计，单位可以发现并改进潜在的效率低下问题，从而提升整体的运营绩效。

（2）遵行审计

遵行审计主要关注的是单位遵守适用的法律法规和公司政策的情况。这类审计的主要目标是确保单位遵守所有适用的法规，保护单位不因违反法规而遭受损失。遵行审计通常为对内部控制系统的评估，以确保单位遵循所有适用的政策和程序。

（3）财务报表审计

财务报表审计是对单位的财务报表进行独立评估的过程，包括对财务报表的准确性和完整性进行审查。财务报表审计的主要目标是确保财务报表反映了单位的财务状况和业绩，并遵循了适用的会计准则。

（4）信息科技审计

信息科技审计是对单位信息科技系统的独立评估，以确保其安全、合规和有效。这类审计涉及信息技术的各个方面，包括数据安全、系统性能、信息安全控制等。信息科技审计的目的是确保单位的信息科技系统能够满足单位的业务需求，并符合相关的法规和标准。

财务审计是单位运营中不可或缺的一部分，它提供了对单位财务状况和绩效的客观评估。这四种主要的财务审计类别——运作审计、遵行审计、财务报表审计及信息科技审计，各自关注不同的关键方面，共同构成了全面的财务审计体系。通过实施这些审计，单位可以确保其运营的合规性、效率和有效性，从而提高利益相关者和投资者的信任。

3.按审计基本内容分类

（1）财政财务审计

财政财务审计是指对被审计单位财政财务收支的真实性和合法合规性进行审查，旨在纠正错误、防止舞弊。具体来说，财政审计又包括财政预算执行审计（即由审计机关对本级和下级政府的组织财政收入、分配财政资金的活动进行审计监督）、财政决算审计（即由审计机关对下级政府财政收支决算的真实性、合规性进行审计监督）和其他财政收支审计（即由审计机关对预算外资金的收取和使用进行审计监督）。财务审计则是指对企事业单位的资产、负债和损益的真实性和合法合规性进行审查。由于单位的财务状况、经营成果和现金流量是以会计报表为媒介集中反映的，因而财务审计时常又表现为会计报表审计。

财政财务审计在审计产生的很长一段时期都居于主导地位，因此可以说是一种传统的审计；又因为这种审计主要是依照国家法律和各种财经方针政策、管理规程进行的，故又称为依法审计。我国审计机关在开展财政财务审计的过程中，如果发现被审单位和人员存在严重违反国家财经法规、侵占国家资财、损害国家利益的行为，往往会立专案进行深入审查，以查清违法违纪事实，做出相应处罚。这种专案审计一般称为财经法纪审计，它实质上是财政财务审计的深化。

（2）经济效益审计

经济效益审计是指对被审计单位经济活动的效率、效果和效益状况进行审查、评价，目的是促进被审计单位提高人财物等各种资源的利用效率，增强盈利能力，实现经营目标。在西方国家，经济效益审计也称为"3E"（efficiency audit, effectiveness, economy audit）审计。最高审计机关国际组织（INTOSAI）则将政府审计机关开展的经济效益审计统一称为"绩效审计"。西方国家将单位内部审计机构从事的经济效益审计活动概括为"经营审计"。

4. 按审计实施时间分类

（1）事前审计

事前审计是指审计机构的专职人员在被审计单位的财政、财务收支活动及其他经济活动发生之前所进行的审计。这实质上是对计划、预算、预测和决策进行审计，如国家审计机关对财政预算编制的合理性、重大投资项目的可行性等进行的审查；会计师事务所对单位盈利预测文件的审核，内部审计组织对本单位生产经营决策和计划的科学性与经济性、经济合同的完备性进行的评价等。

开展事前审计，有利于被审单位进行科学决策和管理，保证未来经济活动的有效性，避免因决策失误而遭受重大损失。一般认为，内部审计组织最适合从事事前审计，因为内部审计强调建设性和预防性，能够通过审计活动充当单位领导进行决策和控制的参谋、助手和顾问；而且内部审计结论只作用于本单位，不存在对已审计划或预算的执行结果承担责任的问题，审计人员无开展事前审计的后顾之忧；同时，内部审计组织熟悉本单位的活动，掌握的资料比较充分，且易于联系各种专业技术人员，有条件对各种决策、计划等方案进行事前分析比较，做出评价结论，提出改进意见。

（2）事中审计

事中审计是指在被审单位经济业务的执行过程中进行的审计。例如，对费用预算、经济合同的执行情况进行审查。事中审计能够及时发现和反馈问题，尽早纠正偏差，从而保证经济活动按预期目标合法合理和有效地进行。

（3）事后审计

事后审计是指在被审单位经济业务完成之后进行的审计。大多数审计活动都属于事后审计。事后审计的目标是监督经济活动的合法合规性，鉴证单位会计报表的真实公允性，评价经济活动的效果和效益状况。

5.按审计技术模式分类

（1）账项基础审计

账项基础审计是审计技术发展的第一阶段，它是指顺着或逆着会计报表的生成过程，通过对会计账簿和凭证进行详细审阅，对会计账表之间的勾稽关系进行逐一核实，来检查是否存在会计舞弊行为或技术性措施。在进行财务报表审计，特别是专门的舞弊审计时，采用这种技术有利于做出可靠的审计结论。

（2）系统基础审计

系统基础审计是审计技术发展的第二阶段，它建立在健全的内部控制系统可以提高会计信息质量的基础上。首先进行内部控制系统的测试和评价，当评价结果表明被审单位的内部控制系统健全且运行有效、值得信赖时，即可以在随后对报表项目的实质性测试工作中仅抽取小部分样本进行审查；相反，则需扩大实质性测试的范围。这样能够提高审计的效率，有利于保证抽样审计的质量。

（3）风险基础审计

风险基础审计是审计技术的最新发展阶段。采用这种审计技术时，审计人员一般从对被审单位委托审计的动机、经营环境、财务状况等方面进行全面的风险评估出发，利用审计风险模型，规划审计工作，积极运用分析性复核，力争将审计风险控制在可以接受水平。

6.按照执行地点分类

（1）报送审计

报送审计又称送达审计，是指被审计单位按照审计机关的要求，将需要审查的全部资料送到审计机关所在地就地进行的审计，其是政府审计机关进行审计的重要方式。这种审计方法的优点是省时、省力；缺点是不易发现被审计单位的实际问题，不便于用观察的方法或盘点的方法进一步审查取证，从而使审计的质量受到一定的影响。

（2）就地审计

就地审计又称现场审计，是审计机构派出审计小组和专职人员到被审计单位现场进行的审计。它是国家审计机关、民间审计组织和内部审计部门进行审计的主要类型。

二、事业单位财务审计的含义

事业单位财务审计是指对事业单位的财务状况进行独立的、客观的评估，以确定其财务报告的准确性和完整性。审计人员通过审查财务报表和其他相关文件，如账目和合同，来评估事业单位的财务状况和运营绩效。

三、事业单位财务审计的责任事项

(一) 计划阶段责任

审计机关按照法定程序编制年度审计项目计划，报政府批准，下达执行经批准后的年度审计项目计划。

(二) 实施阶段责任

审计机关项目计划执行处按照法定程序组成审计组，制发审计通知书，开展审计调查，编制审计实施方案，采取检查、调查、查询等方法取得审计证据，编制审计记录；审计组组长审核确认审计工作底稿、审计证据等，确认审计目标是否实现。

(三) 审计终结阶段责任

审计组起草审计报告等审计结论性文书，按规定程序征求被审计对象意见；项目计划执行部门、审理部门对代拟的审计报告等审计结论文书、审计全过程材料进行复核、审理；审计机关业务会议集体审定审计报告等审结论文书，在特殊情况下，经审计机关主要负责人授权，可以由审计机关其他负责人审定；出具审计报告，下达审计决定。对被审计单位所执行的上级主管部门有关财政收支、财务收支的规定与法律和行政法规相抵触的，向有关主管部门提出纠正建议；对依法应当追究有关人员责任的，向有关主管机关、单位提出给予处分的建议；对依法应当由有关主管机关处理、处罚的，移送有关主管机关；涉嫌犯罪的，移送司法机关。根据法律法规规定，依照法定程序向政府有关部门通报或者向社会公布审计结果。

（四）监督执行和整改阶段责任

审计组所在业务部门在审计机关出具审计报告、做出审计决定后，应当在规定的整改期限到期后 30 个工作日内检查或者了解被审计单位和其他有关单位的整改情况，并取得相关证明材料。检查或者了解工作结束后，应当在 10 个工作日内向审计机关提出检查报告；审计机关下达审计决定书后，被审计单位在规定时限内未书面报告审计整改情况的，审计机关应当在审计决定执行期限到期后 30 个工作日内发出审计整改通知书，督促被审计单位按规定进行整改。被审计单位没有整改或者没有完全整改的事项，审计机关应当依法采取必要措施；各级党委、政府及上一级审计机关领导批示的审计整改事项，审计机关应当及时督促被审计单位和其他有关单位整改，并在领导批示后 90 个工作日内向本级党委、政府及上一级审计机关专题报告审计整改结果。

四、事业单位财务审计的特征

（一）审计范围国际化

随着全球经济一体化的加速，事业单位的财务审计也呈现出国际化趋势。这种趋势主要体现在审计范围的不断扩大，涵盖了越来越多的国际性业务和跨国公司。审计人员不仅要对事业单位的财务报表进行审查，还要对跨国交易、国际投资、外汇管理等国际化业务进行审计。此外，事业单位财务审计的国际化还表现在对国际会计准则和相关法规的遵循情况审查，以确保事业单位财务信息的透明度和可靠性。

（二）审计领域扩大化

随着事业单位的业务范围不断扩大，财务审计的领域也在不断扩大。从传统的财务报表审计，到现在涵盖风险管理、内部控制、绩效评估等全方位的审计，财务审计已经不再局限于对财务数据的审查，而是深入事业单位的业务和管理层面。这种变化不仅提高了财务审计的质量和效率，也更好地满足了事业单位管理层对全面财务信息的需求。

（三）审计层次立体化

随着审计领域的扩大，事业单位财务审计的层次也变得越来越立体化。传统的财务审计主要关注财务报表的准确性和完整性，而现在的财务审计则更加注重对事业单位业务过程和管理的全面评估。这种立体化的审计层次，不仅要求审计人员具备丰富的财务知识和经验，还需要他们了解事业单位的业务流程和管理体系，以便更准确地发现和解决问题。此外，立体化的财务审计还能帮助事业单位更好地识别和管理风险，提高其整体运营效率。

（四）审计内容复杂化

随着事业单位的发展，其财务活动也日益复杂化，这使财务审计的内容也变得越来越复杂。审计人员需要审查和评估事业单位的财务报告、预算、资金流动、资产管理和内部控制等多个方面，以确保财务活动的合规性和有效性。此外，审计人员还需要对事业单位的财务数据进行深入的分析和评估，以发现潜在的风险和问题，并提出相应的改进建议。

（五）审计主体多元化

随着事业单位的发展，其财务审计的主体也变得越来越多元化。传统的财务审计主要由内部审计机构负责，但随着事业单位的业务范围和规模的不断扩大，外部审计机构也逐渐参与到财务审计中来。此外，部分事业单位还设立了独立的财务审计委员会，负责监督和评估整个单位的财务活动。这种多元化的审计主体，有助于提高财务审计的全面性和客观性。

（六）审计行为规范化

随着财务审计的复杂化，审计行为也变得越来越规范化。为了确保财务审计的公正、公平和透明，事业单位制定了一系列严格的财务审计标准和规范。这些标准和规范要求审计人员在进行财务审计时，必须按照规定的程序和方法进行，以确保财务数据的真实性和准确性。此外，事业单位还要求审计人员定期对财务审计的结果进行评估和反馈，以提高财务管理的效率和效果。

（七）审计技术科学化

随着信息技术的不断发展，财务审计的技术也变得越来越科学化。现代的财务审计不仅需要依靠传统的审计方法，还需要借助计算机技术和数据分析工具，对大量的财务数据进行快速、准确的分析和评估。这不仅可以提高财务审计的效率和质量，还可以为事业单位的管理层提供更加准确和全面的财务信息，帮助他们做出更加明智的决策。

总之，事业单位财务审计的特征不仅反映了事业单位财务管理的特点和要求，也为事业单位的财务管理提供了更加全面、客观、准确和科学的支持。在未来的发展中，事业单位应该继续加强财务审计工作，不断提高财务管理的效率和效果，为事业单位的发展提供更加坚实的基础。

五、事业单位财务审计的作用

事业单位财务审计是保障事业单位财务健康、合法、有效的重要手段，对于事业单位的发展具有重要的作用。

（一）提高国家财政资金的经济效益和社会效益

事业单位审计能够提高国家财政资金的经济效益和社会效益。审计能全面、系统地检查事业单位的资金使用情况，确保资金使用的合规性和有效性。对于存在的问题，审计部门会提出改进意见和建议，帮助事业单位优化资源配置，提高资金的使用效率。同时，审计也能发现和预防潜在的财务风险，减少财政损失，确保财政资金的安全和完整。

(二) 保证各项建设事业的健康发展

事业单位审计能够保证各项建设事业的健康发展。审计部门通过对事业单位的各项业务进行审查，可以及时发现和纠正违规行为，维护公平竞争的市场环境，保护市场主体的合法权益。这有助于事业单位树立正确的经营理念，增强其服务社会的责任感和使命感，从而推动各项建设事业的健康发展。

(三) 反映事业单位收支情况，更好地为宏观管理服务

事业单位审计能够反映事业单位的收支情况，更好地为宏观管理服务。审计部门通过对事业单位的财务状况进行全面分析，可以准确把握事业单位的运行状况和财务状况，为政府决策提供依据。同时，审计结果还能为政策制定者提供参考，帮助他们了解市场动态，制定出更加科学、合理的政策措施。

(四) 保障事业单位财务安全的完整性

(1) 预防财务风险。定期的财务审计可以发现并预防潜在的财务风险，如资金挪用、违规操作等。审计人员会对事业单位的财务数据进行详细的分析和评估，从而找出潜在的问题，并及时采取措施加以解决。

(2) 确保资产安全。财务审计通过对资产的定期盘点和核对，确保事业单位的资产安全，防止资产流失。同时，审计人员还会对资产的使用情况进行监督，确保资产得到合理、有效的利用。

(3) 提高财务管理水平。财务审计通过提供专业的财务建议和指导，帮助事业单位提高财务管理水平，进而提升整体运营效率。这有助于事业单位更好地管理和控制财务活动，降低财务风险。

(五) 保证事业单位财务活动的合规性

(1) 遵守法律法规。财务审计通过对事业单位的财务活动进行合规性审查，确保其遵守国家及地方的相关法律法规。这有助于减少违反法规所引发的法律风险，可以维护事业单位的良好形象。

（2）规范财务行为。实施财务审计可以规范事业单位的财务行为，防止出现违规操作和舞弊现象。这有助于提高财务管理的透明度，增强公众对事业单位的信任。

（3）优化财务管理流程。财务审计通过对财务管理流程的审查和改进，优化财务管理流程，提高财务管理效率。这有助于事业单位更好地应对市场竞争，提升整体竞争力。

（六）有助于正确评价事业单位的业绩

事业单位的业绩评价一直是管理者的重要任务。财务审计可以提供客观、公正的财务数据，帮助管理者全面了解事业单位的运营状况，包括收入、支出、资产、负债等各方面的信息。这些数据经过审计，可以消除人为因素导致的误差，使评价结果更接近真实情况。同时，财务审计还能发现潜在的风险和问题，为管理者提供改进的建议，从而提高事业单位的整体业绩。

（七）确保事业单位履行各项财务责任和实现财务目标

事业单位财务审计不仅关注财务报表的准确性，还关注业务流程、内部控制和风险管理等方面。财务审计可以发现并纠正潜在的财务风险和违规行为，确保事业单位的财务活动符合法律法规和政策要求。这不仅有助于维护事业单位的声誉，还能提高其社会公信力。

此外，财务审计还能为事业单位的财务目标提供保障。财务审计可以确保财务决策的科学性和合规性，避免决策失误导致的资源浪费和财务风险。同时，财务审计还能提供对未来财务状况的预测和建议，帮助事业单位制定更为合理、科学的财务规划，确保其财务目标的实现。

（八）健全完善内部控制制度

（1）强化内部管理。财务审计通过审查事业单位各项财务活动，发现问题并提出改进意见，有助于增强内部管理的规范性和科学性。

（2）防范财务风险。财务审计可以对内部控制制度的健全性和有效性进行评估，及时发现并纠正潜在的财务风险，保障单位资产的安全和完整。

(3) 提升内控意识。财务审计的实施,有助于提高单位人员的内控意识,使其更加重视内部控制制度的建设和完善。

(九) 满足国家宏观经济管理和调控

(1) 保障财政资金的使用效益。财务审计可以对事业单位的财务活动进行全面、客观的评价,为国家相关部门提供决策依据,进而提高财政资金的使用效益。

(2) 促进公共资源合理配置。事业单位作为国家重要的公共服务机构,其财务状况直接影响公共资源的配置效率。财务审计可以发现资源配置中的问题,为国家制定相关政策提供参考。

(3) 维护经济秩序。财务审计工作的开展,有助于规范事业单位的财务行为,维护良好的经济秩序,为国家的宏观经济管理提供基础保障。

(十) 规范财务管理,提高财务信息质量

事业单位财务审计通过审查和评估事业单位的财务活动,发现和纠正财务管理中的问题,如账目不清、数据不实、违规操作等,从而规范财务管理,提高财务信息的真实性和准确性。同时,财务审计还能对单位的财务活动进行全面的监督和检查,及时发现和纠正财务违规行为,保障单位财务活动的合法性和合规性。

(十一) 提高资金使用效率,促进事业单位发展

事业单位财务审计通过对单位资金使用情况的审查和评估,发现资金使用中的问题,提出改进意见和建议,从而提高资金的使用效率。同时,财务审计还能对单位的预算执行情况进行监督和检查,确保预算的执行符合规定,避免资金的浪费和流失。通过提高资金使用效率,财务审计能够为事业单位的发展提供有力的支持。

(十二) 加强内部控制,保障单位资产安全

事业单位财务审计通过对内部控制的评估和监督,发现和纠正内部控制中的问题,提高内部控制的水平。同时,财务审计还能对单位的资产进行

定期的清查和核对，以确保资产的安全和完整。通过加强内部控制，财务审计能够为事业单位资产的安全提供有力的保障。

(十三) 防范财务风险，保障单位稳健运行

事业单位财务审计通过对单位财务风险的评估和预警，及时发现和防范财务风险，避免财务风险导致的损失。同时，财务审计还能对单位的财务风险进行全面的分析和研究，提出风险防范的措施和建议，为单位的稳健运行提供有力的支持。

综上所述，事业单位财务审计在保障安全完整性和合规性方面发挥着至关重要的作用。通过预防财务风险、确保资产安全、提高财务管理水平，财务审计为事业单位提供了坚实的保障。同时，财务审计还通过遵守法律法规、规范财务行为、优化财务管理流程，保证了事业单位财务活动的合规性。这不仅有助于降低事业单位的财务风险和法律风险，还为事业单位的长远发展奠定了坚实的基础。未来，随着信息化、智能化技术的发展，财务审计也将逐步向数字化、智能化方向发展，进一步提高审计的效率和质量。事业单位应积极应对这一趋势，加强内部管理，提升财务审计的效率和效果，从而更好地发展。

第二节　事业单位财务审计的过程与程序

一、事业单位财务审计过程

(一) 接受业务委托

在接受业务委托的阶段，审计单位首先会对事业单位的财务报表及相关资料进行初步了解和评估，判断其是否符合国家相关法规和会计准则的要求。在这个过程中，审计单位会与事业单位进行初步沟通，了解其财务状况、业务范围、内部控制制度等基本情况，以确定是否能够胜任该项审计工作。如果初步评估符合要求，审计单位将与事业单位签订审计业务合同，明确双方的权利和义务。

（二）计划审计工作

在计划审计工作的阶段，审计单位会根据事业单位的业务特点和财务报表的复杂性，制订详细的审计计划。这个计划将包括审计的目标、范围、时间安排、人员分工等，以确保审计工作的顺利进行。审计计划的内容会根据实际情况进行调整和修改，以确保最终的审计结果符合要求。

（三）实施风险评估程序

在实施风险评估程序的阶段，审计单位会对事业单位的财务报表及相关资料进行全面的审查和分析，以识别和评估潜在的重大错报风险。审计人员会根据职业判断，确定最有可能存在错报风险的领域，并采取相应的审计程序进行验证。这些程序包括检查、核对、询问、观察、重新执行等，以确保财务报表的准确性。

（四）实施控制测试和实质性程序

在实施控制测试和实质性程序的阶段，审计单位会对事业单位的内部控制制度进行评估，以确定其是否有效运行。如果内部控制制度存在缺陷或失效，审计单位会提出改进建议，并记录在审计工作底稿中。对于财务报表中存在重大错报风险的领域，审计单位会采取更深入的实质性程序，包括对相关账户和交易进行详细审查，以确定其是否符合国家相关法规和会计准则的要求，并据此编制审计报告。

（五）完成审计工作和编制审计报告

在完成审计工作和编制审计报告的阶段，审计单位会对上述阶段的成果进行汇总和整理，形成最终的审计报告。审计报告的内容包括对事业单位财务报表的总体评价、存在的错报风险、内部控制制度的评估、实质性程序的实施结果等。审计报告应客观、公正、准确，并按照相关法规和会计准则的要求进行编制。审计单位还会对事业单位提出改进建议，帮助其完善内部控制制度和财务管理体系，提高财务管理的规范性和有效性。

以上就是事业单位财务审计的基本过程。在整个过程中，审计单位需

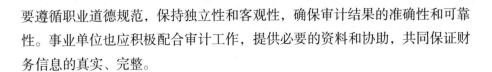

要遵循职业道德规范，保持独立性和客观性，确保审计结果的准确性和可靠性。事业单位也应积极配合审计工作，提供必要的资料和协助，共同保证财务信息的真实、完整。

二、事业单位财务审计的程序

审计人员在审计过程中可以采用检查、观察、询问、函证、重新计算、重新执行、分析程序等审计程序来收集审计证据，这些审计程序又被称为审计的实质性程序。

(一) 检查

检查是指注册会计师对被审计单位内部或外部生成的，以纸质、电子或其他介质形式存在的记录或文件进行审查，或对资产进行实物审查。在实际工作中，检查包括检查记录或文件及检查有形资产。

检查记录或文件可以提供可靠程度不同的审计证据，审计证据的可靠性取决于记录或文件的性质和来源，而在检查内部记录或文件时，其可靠性则取决于生成该记录或文件的内部控制的有效性。

检查有形资产是指注册会计师对资产实物进行审查。检查有形资产可为其存在性提供可靠的审计证据，但不一定能够为权利和义务提供可靠的审计证据。对个别存货项目进行的检查，可与存货监盘一同实施。

(二) 观察

观察是指注册会计师查看相关人员正在从事的活动或执行的程序。例如，对客户执行的存货盘点或控制活动进行观察。在审计过程中，在很多情况下，注册会计师可以运用看、听、闻、摸等手段对事物进行判断。当然，观察本身不能作为充分的审计证据来使用，它还需要其他相关的审计证据来佐证。

观察提供的审计证据仅限于观察发生的时点，并且在相关人员已知被观察时，相关人员从事活动或执行程序可能与日常的做法不同，从而影响注册会计师对真实情况的了解。因此，注册会计师有必要获取其他类型的佐证证据。

(三) 询问

询问是指注册会计师以书面或口头方式，向被审计单位内部或外部的知情人员获取财务信息和非财务信息，并对答复进行评价的过程。

知情人员对询问的答复可能为注册会计师提供尚未获悉的信息或佐证证据，也可能提供与已获悉信息存在重大差异的信息。注册会计师应当根据询问结果考虑修改审计程序或实施追加的审计程序。

因询问本身不足以发现认定层次存在的重大错报，也不足以测试内部控制运行的有效性，注册会计师还应当实施其他审计程序获取充分、适当的审计证据。

(四) 函证

函证是指注册会计师直接从第三方 (被询证者) 获取书面答复以作为审计证据的过程。书面答复可以采用纸质、电子或其他介质等形式。由于函证的结果来自独立于被审计单位的第三方，可靠性较高，因此在审计过程中经常会考虑使用函证这一方法。然而，函证是一种成本较高的取证方法，而且可能会给回答者带来不便，所以并非在任何情况下都使用函证。当注册会计师使用函证时，他们尽可能地希望获得书面答复，因为书面答复比口头答复更可靠，而且便于复核。

是否需要函证取决于对可靠性的要求及是否有可替代的审计程序。例如，在审计固定资产增加时就较少使用函证，因为这些都可以通过检查书面凭证和盘点等其他方法得到充分的证实。如果没有回函或对回函结果不满意时，注册会计师必须实施必要的替代程序，以获取相应的审计证据。

(五) 重新计算

重新计算是指注册会计师以人工方式或使用计算机辅助审计技术，对记录或文件中的数据计算准确性进行核对。

重新计算通常包括计算销售发票和存货的总金额，加总日记账和明细账，检查折旧费用和预付费用的计算，检查应纳税额的计算等。

（六）重新执行

重新执行是指注册会计师以人工方式或使用计算机辅助审计技术，重新独立执行作为被审计单位内部控制组成部分的程序或控制。例如，注册会计师利用被审计单位的银行存款日记账和银行对账单，重新编制银行存款余额调节表，并与被审计单位编制的银行存款余额调节表进行比较。

（七）分析程序

分析程序是指注册会计师通过研究不同财务数据之间及财务数据与非财务数据之间的内在关系，对财务信息做出评价。合并财务报表、附属公司和分部的财务报表，以及财务报表的单个要素都可以运用分析程序。分析程序还包括调查识别与其他相关信息不一致或与预期数据严重偏离的波动和关系。

第六章　销售与收款审计

第一节　销售与收款概述

一、销售概述

(一) 销售的基本概念

销售是创造、沟通与传送价值给顾客，及经营顾客关系以便让组织与其利益关系人（stakeholder）受益的一种组织功能与程序。销售就是介绍商品提供的利益，以满足客户特定需求的过程。商品当然包括有形的商品及其附带的无形的服务，满足客户特定的需求是指客户特定的欲望被满足，或者客户特定的问题被解决。能够满足客户这种特定需求的，唯有靠商品提供的特别利益。

简单来说，销售就是将产品或服务推向市场，使其被目标客户所接受，从而实现产品的商业价值。这是一个涉及产品、市场、消费者需求、销售策略和人际关系的复杂过程。

(二) 销售的意义

（1）创造商业价值。销售是商业活动中至关重要的一环。通过销售，单位可以将产品或服务推向市场，实现其商业价值，进而推动单位的生存和发展。

（2）满足消费者的需求。销售的核心在于满足消费者的需求。通过深入了解消费者的需求，销售人员可以提供满足消费者期望的产品或服务，提升消费者的满意度。

（3）建立品牌形象。销售不仅仅是推销产品，更是建立和提升品牌的过程。通过优秀的销售策略和沟通，单位可以塑造出符合消费者期望的品牌形

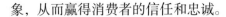

象，从而赢得消费者的信任和忠诚。

（4）促进团队合作。销售工作并非独立一人可以完成。它需要团队的合作，包括市场调研、产品设计、生产、物流、售后服务等部门。优秀的销售团队可以有效地整合这些资源，实现单位的整体目标。

（5）提升个人能力。销售工作不仅需要专业知识，更需要人际交往和沟通技巧。销售工作可以提升自己的沟通能力和问题解决能力，从而更好地适应社会和职场的需求。

总的来说，销售工作是连接产品与消费者的桥梁，它不仅创造了商业价值，满足了消费者的需求，还通过建立品牌形象，促进团队合作，提升了个人能力。无论是单位还是个人，销售工作都有着重要的意义。

二、收款概述

（一）收款的定义

收款是指单位或个人在销售商品或提供服务后，向客户收取相应的货币以补偿成本或收益的过程。在商业活动中，收款是不可或缺的一部分，它确保了交易的顺利进行和单位的资金流动。

（二）收款的意义

（1）保障交易的顺利进行。收款是商业交易中至关重要的一环。只有当客户支付了约定的款项，单位才能确认收入并开展后续工作。收款过程确保交易的履行，避免客户拖欠或拒付的风险。

（2）维护单位利益。收款过程是单位资金流入的重要渠道。通过收款，单位可以获得稳定的收入来源，确保单位的正常运营和发展。同时，及时地收款也有助于降低单位的财务风险，减少坏账损失。

（3）提高客户的满意度。及时、高效地收款可以提高客户的信任和满意度。当客户及时支付款项，单位可以更快地发货、提供服务，从而提高客户的体验和忠诚度。

（4）促进商业合作。收款过程也是商业合作中的重要环节。及时、良好的收款行为可以建立良好的商业信誉，为单位的未来合作奠定基础。

（5）推动经济发展。收款不仅是单位运营的重要环节，也是国家经济发展的重要组成部分。通过税收等方式，收款为国家提供了财政收入，促进了社会经济的发展。

总之，收款是单位或个人在商业活动中不可或缺的一部分。它保障了交易的顺利进行，维护了单位的利益，提高了客户满意度，促进了商业合作，推动了经济发展。因此，我们需要重视收款工作，确保其准确、及时和高效。

（三）收款方式

1. 结算

在当今的商业环境中，收款方式的选择对单位的运营至关重要。面对多种多样的收款方式，如现金、微信、支付宝、支票、本票以及商业汇票，如何选择最适合的结算方式，成为单位必须面对的问题。

（1）现金

现金是最直接的收款方式，适用于小型零售或餐饮业等对现金流要求较高的行业。然而，现金收款存在一定的风险，如丢失或被盗，同时不易于财务管理和数据分析。

（2）微信、支付宝

对于大多数行业来说，微信和支付宝无疑是便捷且受欢迎的收款方式。它们提供了无接触式的支付体验，大大提高了支付效率。此外，这两种方式的数据易于保存和分析，便于单位进行财务管理和决策。

（3）支票

支票是一种传统的收款方式，适用于金额较大的交易。支票的优点在于其具有法律效应，能够保护双方的权益。然而，支票的开具、交换和兑现过程相对烦琐，对于小型单位而言不太适用。

（4）本票

本票与支票类似，也是一种支付凭证，但相较于支票，本票的流通性较低，更适合于单位内部的转账结算。

（5）商业汇票

商业汇票是一种延期付款工具，适用于需要延期收款的单位。与其他方式相比，商业汇票提供了更长的付款时间，降低了资金压力。然而，商业汇票的信用风险也需要单位关注。

在选择收款方式时，单位应综合考虑交易金额、付款频率、付款方的支付习惯、业务流程以及风险管理等因素。一般来说，对于小额、高频的交易，微信、支付宝等电子支付方式是最佳选择；对于大额、低频的交易，支票、本票或商业汇票则更为合适。对于需要延期收款的场景，商业汇票可以作为备选方案。同时，单位应关注各种收款方式的风险，做好风险管理，确保交易的安全和顺利进行。

2. 在线转账

在线转账是一种非常便捷的收款方式。它通过互联网，使双方可以在任何地点、任何时间进行资金的转移。这种方式的优点在于，它无须面对面接触，大大降低了交易的成本和风险。同时，其高度的匿名性，也使得转账更加灵活。然而，这种方式的缺点也很明显，那就是如果双方没有建立信任，可能会出现欺诈行为。因此，选择在线转账时，双方都需要谨慎评估对方的信誉度。

3. 在线扣款

随着移动支付的普及，在线扣款已成为一种越来越受欢迎的收款方式。它通过用户的银行账户进行扣款，从而实现资金的转移。这种方式的好处是，它无须用户进行烦琐的输入和确认，只需绑定自己的银行账户，就可以轻松完成交易。而且，由于其高度的安全性，用户无须担心自己的资金安全问题。然而，这种方式的缺点是，它可能会涉及用户的隐私问题，特别是在涉及多笔交易的情况下。因此，在使用这种方式时，用户需要仔细阅读并理解相关的条款和条件。

无论选择哪种收款方式，单位都应确保其符合相关法规和政策，保护消费者的权益，并保持数据的安全和隐私。通过合理选择和运用各种收款方式，单位将提高运营效率，降低成本，提升竞争力。在面对复杂的商业环境时，灵活选择和组合收款方式，将是单位制胜的关键。

第二节　营业收入审计

一、营业收入概述

(一)营业收入的定义

营业收入(Operating revenue)是从事主营业务或其他业务所取得的收入,指在一定时期内,商业企业销售商品或提供劳务所获得的货币收入。分为主营业务收入和其他业务收入。如商业企业的商品销售收入,生产加工企业的产品销售收入,饮食业的饮食品销售收入,服务业的服务收入,仓储企业的仓储收入,运输企业的运费收入、代办运输收入等。发生商品销售取得收入时,通过"营业收入"账户核算,借(增)记"银行存款"或"现金"账户,贷(增)记"营业收入"账户。对不属于企业主营业务范围的兼营业务的收入,作为附营业务收入处理。

(二)营业收入的意义

(1)营业收入是企业补偿生产经营耗费的资金来源。营业收入的实现关系到企业再生产活动的正常进行,加强营业收入管理,可以使企业的各种耗费得到合理补偿,有利于再生产活动的顺利进行。

(2)营业收入是企业的主要经营成果,是企业取得利润的重要保障。加强营业收入管理是实现企业财务目标的重要手段之一。

(3)营业收入是企业现金流入量的重要组成部分。加强营业收入管理,可以促使企业深入研究和了解市场需求的变化,以便做出正确的经营决策,避免盲目生产,这样可以提高企业的素质,增强企业的竞争力。

(三)影响因素

通常在营业收入管理中主要考虑以下四项影响因素:价格与销售量、销售退回、销售折扣、销售折让。

销售退回是指在产品已经销售,营业收入已经实现以后,由于购货方对收到货物的品种或质量不满意,或者因为其他原因而向企业退货,企业向购货方退回货款。

销售折扣是企业根据客户的订货数量和付款时间而给予的折扣或给予客户的价格优惠。按折扣方式分为现金折扣和商业折扣。现金折扣是企业给予在规定的日期以前付款的客户的价格优惠，这种折扣是企业为了尽快收回款项而采取的一种手段。商业折扣是在公布的价格之外给予客户一定比例的价格折扣，通常企业是出于稳定客户关系、扩大销售量的目的。

销售折让是企业向客户交付商品后，因商品的品种、规格或质量等不符合合同的规定，经企业与客户协商，客户同意接受商品，而企业在价格上给予一定比例的减让。

二、营业收入审计的定义

单位营业收入审计是指审计机构对被审计单位主要经济活动所产生的收入及其相关活动过程的真实性、合法性和合规性进行的审计监督，目的在于保障单位资产的安全完整，防范收入风险，促进经营活动的健康发展。

三、营业收入审计的主要内容

单位营业收入审计主要包括以下内容：

（1）收入真实性审计。收入真实性审计是指对被审计单位营业收入的来源、金额、结算方式、收款时间等是否真实发生的审查。通过核实收入来源的真实性，确认收入的合法性和合规性。

（2）收入合法性审计。收入合法性审计是指对被审计单位取得的营业收入是否符合国家法律法规和相关政策的审查。包括检查销售合同的合规性、税法规定的符合性、市场监管的合法性等。

（3）收入合规性审计。收入合规性审计是指对被审计单位在执行国家法律法规和相关政策过程中，是否遵守了内部控制制度和风险管理程序进行的审计。包括检查内部控制制度的健全性和有效性、风险评估的合理性和准确性等。

（4）成本效益分析。在考虑成本效益原则的基础上，对被审计单位的营业收入进行全面审查和分析，了解其经营管理状况和经济效益水平，为管理层提供决策依据。

（5）风险评估。通过对被审计单位的营业收入进行风险评估，了解其面临的市场风险、信用风险、操作风险等，为管理层提供风险管理建议。

四、营业收入的审计目标

营业收入的审计目标一般包括：确定利润表中记录的营业收入是否已发生且与被审计单位有关；确定所有应当记录的营业收入均已记录；确定与营业收入有关的金额及其他数据是否已恰当记录，包括对销售退回、销售折扣与折让的处理是否适当；确定营业收入是否已记录于正确的会计期间；确定营业收入已按照单位会计准则的规定在财务报表中做出恰当的列报。

五、主营业务收入的审计程序

（一）取得或编制主营业务收入明细表

（1）复核加计是否正确，并与总账数和明细账合计数核对是否相符。结合其他业务收入科目与报表数核对是否相符。

（2）检查以非记账本位币结算的主营业务收入的折算汇率和折算金额是否正确。

（二）查明主营业务收入

查明主营业务收入的确认条件、方法，注意是否符合单位会计准则，前后期是否一致；关注周期性、偶然性的收入是否符合既定的收入确认原则、方法。单位销售商品收入，应在下列条件均满足时予以确认：①单位已将商品所有权上的主要风险和报酬转移给购货方；②单位既没有保留通常与所有权相联系的继续管理权，也没有对已售出的商品实施有效控制；③收入的金额能够可靠地计量；④相关的经济利益很可能流入单位；⑤相关的已发生或将发生的成本能够可靠地计量。因此，对主营业务收入的实质性程序，应在了解被审计单位确认产品销售收入的会计政策的基础上，重点测试被审计单位是否依据上述5个条件确认产品销售收入。具体来说，被审计单位采取的销售方式不同，确认销售的时点也是不同的。

（1）采用交款提货销售方式，应于货款已收到或取得收取货款的权利，同时已将发票账单和提货单交给购货单位时确认收入的实现。对此，注册会计师应重点检查被审计单位是否收到货款，或取得收取货款的权利，发票账单和提货单是否已交付购货单位。应注意有无扣压结算凭证，将当期收入转入下期入账，或者虚记收入、开假发票、虚列购货单位，将当期未实现的收入虚转为收入记账，在下期予以冲销的现象。

（2）采用预收账款销售方式，应于商品已经发出时，确认收入的实现。对此，注册会计师应重点检查被审计单位是否收到了货款，商品是否已经发出。应注意是否存在对已收货款并已将商品发出的交易不入账、转为下期收入，或开具虚假出库凭证、虚增收入等现象。

（3）采用托收承付结算方式，应予商品已经发出，劳务已经提供，并已将发票账单提交银行、办妥收款手续时确认收入的实现。对此，注册会计师应重点检查被审计单位是否发货。

（4）销售合同或协议明确销售价款的收取采用递延方式，实质上具有融资性质的，应当按照应收的合同或协议价款的公允价值确定销售商品收入金额。应收的合同或协议价款与其公允价值之间的差额，应当在合同或协议期间内采用实际利率法进行摊销，并计入当期损益。

（5）长期工程合同收入，如果合同的结果能够可靠估计，应当根据完工百分比法确认合同收入。注册会计师应重点检查收入的计算、确认方法是否合乎规定，并核对应计收入与实际收入是否一致，注意查明有无随意确认收入、虚增或虚减本期收入的情况。

（6）销售商品房的，通常应在商品房已经移交并将发票结算账单提交对方时确认收入。对此，注册会计师应重点检查已办理的移交手续是否符合规定要求，发票账单是否已移交对方。

如果单位事先与买方签订了不可撤销合同，按合同要求开发房地产，则应按建造合同的处理原则处理。

（三）必要时，实施以下实质性分析程序

（1）针对已识别需要运用分析程序的有关项目，并基于对被审计单位及其环境的了解，通过进行以下比较，同时考虑有关数据间关系的影响，建立有关数据的期望值。

①将本期的主营业务收入与上期的主营业务收入、销售预算或预测数等进行比较，分析主营业务收入及其构成的变动是否异常，并分析异常变动的原因；

②计算本期重要产品的毛利率，与上期、预算或预测数据进行比较，检查是否存在异常，各期之间是否存在重大波动，并查明原因；

③比较本期各月各类主营业务收入的波动情况，分析其变动趋势是否正常，是否符合被审计单位季节性、周期性的经营规律，查明异常现象和重大波动的原因；

④将本期重要产品的毛利率与同行业单位进行对比分析，检查是否存在异常；

⑤根据增值税发票申报表或普通发票，估算全年收入，与实际收入金额进行比较。

(2) 确定可接受的差异额。

(3) 将实际的情况与期望值相比较，识别需要进一步调查的差异。

(4) 如果其差额超过可接受的差异额，调查并获取充分的解释和恰当的佐证审计证据（如通过检查相关的凭证等）。

(5) 评估分析程序的测试结果。

(四) 抽查售价是否符合价格政策

获取产品价格目录，抽查售价是否符合价格政策，并注意销售给关联方或关系密切的重要客户的产品价格是否合理，有无以低价或高价结算的方法相互之间转移利润的现象。

(五) 检查开票、记账、发货日期是否相符

抽取本期一定数量的销售发票，检查开票、记账、发货日期是否相符，品名、数量、单价、金额等是否与发运凭证、销售合同或协议、记账凭证等一致。

(六) 抽取本期一定数量的记账凭证

抽取本期一定数量的记账凭证，检查入账日期、品名、数量、单价、金额等是否与销售发票、发运凭证、销售合同或协议等一致。

(七) 选择主要客户函证本期销售额

结合对应收账款的审计，选择主要客户函证本期销售额。

(八) 核对销售记录等

对于出口销售，应当将销售记录与出口报关单、货运提单、销售发票等出口销售单据进行核对，必要时向海关函证。

(九) 实施销售的截止测试

(1) 复核资产负债表日前后销售和发货水平，确定业务活动水平是否异常 (如与正常水平相比)，并考虑是否有必要追加截止程序。

(2) 取得资产负债表日后所有的销售退回记录，检查是否存在提前确认收入的情况。

(3) 结合对资产负债表日应收账款的函证程序，检查有无未取得对方认可的大额销售。

(4) 调整重大跨期销售。

实施销售的截止测试，其目的主要在于确定被审计单位主营业务收入的会计记录归属期是否正确：应记入本期或下期的主营业务收入是否被推延至下期或提前至本期。注册会计师在审计中应该注意把握三个与主营业务收入确认有着密切关系的日期：一是发票开具日期；二是记账日期；三是发货日期 (服务业则是提供劳务的日期)。检查三者是否归属于同一适当会计期间是主营业务收入截止测试的关键所在。

(十) 检查手续是否符合规定

存在销货退回的，检查手续是否符合规定，结合原始销售凭证检查其会计处理是否正确，结合存货项目审计判断其真实性。

(十一) 检查销售折扣与折让

(1) 获取或编制折扣与折让明细表，复核加计正确，并与明细账合计数核对相符。

（2）取得被审计单位有关折扣与折让的具体规定和其他文件资料，并抽查较大的折扣与折让发生额的授权批准情况，与实际执行情况进行核对，检查其是否经授权批准，是否合法、真实。

（3）销售折让与折扣是否及时足额提交给对方，有无虚设中介、转移收入、私设账外"小金库"等情况。

（4）检查折扣与折让的会计处理是否正确。

(十二) 检查有无特殊的销售行为

检查有无特殊的销售行为，如附有销售退回条件的商品销售、售后回购、以旧换新、出口销售等，确定恰当的审计程序进行审核。

（1）附有销售退回条件的商品销售，是指购买方依照有关协议有权退货的销售方式。单位根据以往经验能够合理估计退货可能性且确认与退货相关负债的，通常应在发出商品时确认收入。单位不能合理估计退货可能性的，通常应在售出商品退货期满时确认收入。

（2）售后回购是分析特定销售回购的实质，判断其是属于真正的销售交易，还是属于融资行为。售后回购是指在销售商品的同时，销售方同意日后再将同样或类似的商品购回的销售方式。通常情况下，售后回购交易属于融资交易。有确凿证据表明售后回购交易满足销售商品收入确认条件的，销售的商品按售价确认收入，回购的商品作为购买商品处理。

（3）以旧换新销售，确定销售的商品是否按照商品销售的方法确认收入，回收的商品是否作为购进商品处理（购入商品一般为"存货—原材料"）。

（4）出口销售，确定其是否按离岸价格、到岸价格或成本加运费价格等不同的成交方式，确认收入的时点和金额。

(十三) 调查向关联方销售的情况

调查向关联方销售的情况，记录其交易品种、价格、数量、金额及占主营业务收入的比例。对于合并范围内的销售活动，记录应予合并抵销的金额。

(十四) 调查集团内部的销售情况

调查集团内部的销售情况，记录其交易价格、数量和金额，并追查在编制合并财务报表时是否已予以抵销。

六、其他业务收入的审计程序

其他业务收入是指单位为完成其经营目标所从事的与经常性活动相关的活动实现的收入。不同行业单位的其他业务收入所包括的内容不同，工业单位的其他业务收入包括对外销售材料，对外出租固定资产、包装物或商品，对外转让无形资产使用权，对外进行权益性投资（取得现金股利）或债权性投资（取得利息），提供非工业性劳务等实现的收入。其他业务收入的审计程序与主营业务收入的审计程序基本相同，以下仅就部分内容的审计予以简要说明。

(一) 材料销售收入的审计程序

（1）审查材料销售的原因是否正常，是否属于超储积压物资或边角废料，有无倒卖国家控购物资的情况。

（2）审查材料销售的手续是否健全，是否按规定签订销售合同、开具销售发票、填制出库单。

（3）审查材料销售价格是否合理，有无擅自削价、价格偏低、个人从中吃回扣、贪污作弊等情况。

（4）审查材料销售账务处理是否合理，有无收款不入账、当作"小金库"的收入或虽然收款入账，却列入"营业外收入"账户等情况。

(二) 固定资产出租收入的审计程序

（1）审查固定资产出租合同，检查固定资产出租是否签订了租赁合同，合同的内容是否合法，合同中约定的租金是否合理，有无借"出租"之名，低租优厚亲友，或专利于关系单位等情况。

（2）审查出租固定资产是否属于单位不需用固定资产，出租固定资产，能否增加单位的经济效益。

（3）审查出租固定资产的手续是否安全，是否有专人负责和登记管理，是否经过审批并办理移交手续，是否在会计记录上从"不需用固定资产"转入"出租固定资产"。

（4）审查"其他业务收入"明细记录，检查租金收入是否与合同相符，是否全部入账，其账务处理是否正确。

（5）审查到期的出租固定资产是否收回或办理了续租合同。

（三）包装物出租收入的审计程序

审查"其他业务收入"明细账及相关收入原始凭证，查明单位收取的租金收入是否合理，有无低租转用包装物的情况，有无租金收入不入账、少入账、形成账外"小金库"等情况。

（四）无形资产出租收入的审计程序

审查出租无形资产的租赁合同和相关账务处理资料，查明转让的无形资产是否属于单位经营范围的技术，有无擅自出卖单位保密技术，或侵犯他人知识产权等行为；资产转让收入的作价是否符合国家有关政策；收到的款项是否及时入账，账务处理是否正确、合规。有无收款不入账，形成账外"小金库"的情况；有无收款后直接冲减费用，或列入"营业外收入"账户等情况。

（五）运输劳务的审计程序

审查单位提供的运输劳务量与收入额是否相对应，有无少计或多计，以及收入不入账而形成账外"小金库"，或被私吞的情况。

七、营业外收入的审计程序

营业外收入是指单位发生的与其日常活动无直接关系的各项利得。营业外收入并不是单位经营资金耗费所产生的，不需要单位付出代价，实际上是经济利益的净流入，不可能也不需要与有关的费用进行配比。营业外收入主要包括非流动资产处置利得、非货币性资产交换利得、债务重组利得、政府补助、盘盈利得、罚没利得、捐赠利得、确实无法支付而按规定程序经批准转作营业外收入的应付款项等。具体审计程序如下：

（1）获取或编制营业外收入明细表，复核加计正确，并与报表数、总账数及明细账合计数核对是否相符。

（2）检查营业外收入核算内容是否符合会计准则的规定。

（3）抽查营业外收入中金额较大或性质特殊的项目，审核其内容的真实性和依据的充分性。

（4）对营业外收入中各项目的相关账户记录进行核对，并追查至相关原始凭证。

（5）检查营业外收入的披露是否恰当。

八、单位营业收入审计的注意事项

在实施单位营业收入审计时，应注意以下五点：

（1）确保资料的完整性和准确性。收集的资料应完整、真实、准确，以便进行有效的分析和判断。

（2）注重内部控制制度的审查。内部控制制度是保障单位资产安全和经营活动合规的重要手段，应注重对其健全性和有效性的审查。

（3）运用科学的方法和技术手段进行审计。采用科学的审计方法和技术手段，可以提高审计的效率和质量，确保审计结果的准确性和可靠性。

（4）加强与被审计单位的沟通和协作。在审计过程中，应加强与被审计单位的沟通和协作，共同发现问题、分析问题、解决问题，促进经营活动的健康发展。

（5）严格执行保密制度。在审计过程中，应严格执行保密制度，保护被审计单位的商业秘密和客户信息等隐私。

总之，对单位营业收入的审计是保障单位资产安全和经营活动健康发展的重要手段之一。实施有效的审计程序和方法，可以确保营业收入的真实性、合法性和合规性，促进经营活动的健康发展。

第七章　凭证、账簿的审计

第一节　原始凭证的审计

一、原始凭证审计的意义

原始凭证，是会计核算的原始证据，会计流程为原始凭证→记账凭证→会计账薄→财务报告。如果原始凭证记录不正确、不真实、不合规、不合法，则记账凭证、账薄记录和财务报告中所提供的财务成本指标也就不可能做到真实、正确、合规、合法。由此可见，原始凭证应该反映一个单位正常经济业务发生的原始依据，是确保整个会计账目真实的基础。审计原始凭证及其记载的经济活动的真实性、正确性、合规性和合法性意义重大。

（1）通过审计原始凭证，判断和证明财政、财务收支活动及其会计账表记录的真实性、正确性、合法性和合规性。原始凭证是在经济业务发生时取得或填制的、用以记录经济业务的发生和完成情况的书面证明，是会计处理的合法来源依据。如果原始凭证失真，就不能正确地反映微观经济各项经济业务的真实情况，从而影响国家宏观经济决策。因此，原始凭证的审计是重中之重。

（2）通过审计原始凭证，取得必要的审计证据。对原始凭证的真实性及相关附件进行审计，可以发现线索，取得直接审计证据，能判断被审计单位在财政、财务收支活动中有无违纪、违法行为，为做出审计评价和出具审计报告提供依据。

（3）通过审计原始凭证，判明被审计单位凭证组织的科学性和内控制度的完备性。原始凭证审核的内控制度完善是防止舞弊行为发生和保证会计账目真实、正确、合规、合法的重要措施。通过审计发现不科学、不完善之处，提出改进的意见，从而达到促进被审计单位加强管理、实现凭证组织的科学性和财务内控不断完善的目的。

二、原始凭证存在的普遍问题

(一) 原始凭证填制内容不完整

原始凭证填制内容不完整非常普遍。存在品名不明细、数量不清楚、金额只有合计数、未出具单位公章、无经手人、无收款人等问题。

(二) 原始凭证内容不真实

原始凭证内容不真实。发票号码与日期存在倒置；开具阴阳发票，进行贪污作弊；在整理和粘贴原始凭证过程中将个别原始凭证抽出，重复报销；在汇总原始凭证金额时多汇或少汇，达到贪污差额的目的；涂改原始凭证上的时间、数量、单价、金额，或添加内容和金额。

(三) 普遍缺少相关附件

相关附件是会计资料的重要组成部分，是记录会计核算过程和结果的重要载体，可以客观、全面地反映经济业务事项的全貌，真实地再现经济业务事项的全过程。然而，一些单位不重视附件的作用。支出附件不齐的现象比较普遍，如车辆修理费无车辆修理清单；购买商品、资产，无商品、资产清单，无验收、领用手续，无政府采购手续；业务招待费无餐饮清单和接待审批单；考察学习费无目的地和考察项目、考察人员名单等。

三、原始凭证的审计方法和建议

(一) 原始凭证的审计方法

(1) 审阅法。审阅原始凭证的抬头与被审单位是否相符；凭证上有无经办人和审批人签字盖章；日期、内容有无涂改现象；凭证填制内容是否笼统模糊；大小写金额是否相符。

(2) 核对法。核对记账凭证附件与所附原始凭证内容、数量、金额是否相符；监盘重大物资采购的真实数量与账面是否相符。

(3) 查询法。主要是对审阅和核对中发现的疑点问题，向相关人员直接询问或发函询问，确定原始凭证存在的问题。

（二）加强原始凭证审计的建议

（1）在审计中强化单位负责人、财会人员及相关人员的会计法律法规意识。《会计法》和《会计基础工作规范》对涉及单位经济业务和会计核算相关人员的程序和职责有明确的规定。审计时应要求被审计单位负责人、财会人员对单位所提供审计的资料的真实性、完整性进行书面承诺，警示相关人员严格按照财经法规开展经济业务和会计核算，促使其依法履行职责，保证原始凭证真实、合法、准确、完整。

（2）促使被审计单位建立健全的单位内部控制制度。各单位应根据《会计法》的要求，制定相关的原始票据审批制度或流程，规范本单位财务报销审批手续。审计时应对被审计单位的内部制约机制和内部会计监督制度进行测试，并在审计报告中进行评价。

（3）加大审计查处力度。审计是国家经济正常运行的"免疫系统"。要做到经济监督，就要在审计中查找问题。审计人员经历了多年的努力已经形成了一整套完整、可行的审计方式和经验。不管原始凭证的来源如何复杂，只要按照《会计法》的规定去比照，就不难查出隐藏的问题。尤其现在是信息化时代，借助国税、地税等查询系统，能轻松便捷地找到原始凭证的疑点，通过现场调查、实地检查、实物清盘等手段，不难查出原始凭证后的重大违规问题。

四、原始凭证审计的要点

（1）原始凭证所具有的要素是否齐备，包括日期、单位、数量、金额等。

（2）原始凭证所填写的文字、数字是否清楚完整，更正方法是否符合规定。

（3）原始凭证所办理的审批传递手续是否符合规定，有关人员是否全部正式签章，是否盖有财务公章或"收讫""付讫"戳记。

（4）自制原始凭证是否连续编号，其存根与所开具的凭证是否一致。

（5）原始凭证中所反映的经济业务的发生是否符合相关的法规。

（6）有无篡改、伪造、窃取、不如实填写原始凭证或利用废旧原始凭证

将个人所花的费用伪装为单位的日常开支的现象。

五、原始凭证审计方法

不论原始凭证舞弊采用什么方式，其原始凭证上都会直接或间接地表现出以下特点中的一点或几点。

（1）对刮、擦、用胶带拉扯的原始凭证，其表面总会有毛糙的感觉，可用手摸、背光目视的方法检查出来；对用"消字灵"等化学试剂消退字迹而后写上的原始凭证，可能出现纸张表面光泽消失、纸质变脆、有淡黄色污斑和隐约可见的文字笔画残留、纸张格子线和保护花纹受到破坏、新写的字迹由于药剂作用而渗散变淡等特征。

（2）对添加改写的原始凭证，其文字分布位置不合比例，字体不是十分一致，有时出现不必要的重描和交叉笔画。

（3）对于冒充签字的原始凭证，其冒充签字常常在笔迹熟练程度，字形，字的斜度，字体形态，字与字、行与行的间隔，字的大小，笔画轻重等方面存在差异。

（4）对于伪造的原始凭证、可以通过对比原始凭证的防伪标志来鉴别。

（5）凭证明显不规范，要素不全，经常缺少部分要素，其关键要素经常出现模糊，让人对其经济业务活动的全貌感到模糊。例如，购买办公用品（实为购买个人消费品）的假凭证，往往只注明"办公用品"，而不注明到底购买了哪些办公用品，其规格、型号、品种、数量如何。

（6）金额往往只有一个总数，而没有分项目的明细，经不起推敲。

（7）原始凭证的经手人经常秘而不露，有时有名无姓或有姓无名，如果仔细追问很可能查无此人。

（8）原始凭证上的时间与业务活动发生的时间及以后的入账时间相距甚远。

（9）主要业务凭证与其他相关的凭证不配套，附件不全。

（10）以非正规的票据凭证代替正规的原始凭证。例如，用货币收付凭证代替实物收付凭证；以自制凭证代替外来凭证；以非购销凭证代替购销凭证等。

六、无纸化电子凭证的审计要点

随着经济活动、社会活动的进一步信息化、网络化、全球化，电子凭证的使用越来越频繁，并且变得越来越不可避免。在现代社会中电子凭证和原始纸质凭证将会长期并存，两者都具有规范的形式和相应的法律效应，都是在经济活动、社会活动中发生并明确证明与此活动密切相关的责任人承担责任的证据票据形式。无纸化原始凭证与纸质原始凭证在经济体系和审计中的发生和扮演的角色不同，在审计的过程也有所不同，但是无纸化电子凭证的审计经常出现，并且原始凭证的无纸化是未来经济活动和会计审计行业的发展方向。因此，这里简要探讨一下电子凭证的审计要点。

在对无纸化原始凭证的审计中，必须注意其完整性、合法性和真实性的审查，其中必须注意以下四点：

（1）电子凭证在不同的行业中使用不同的规格和样式，比如运输物流行业的电子发票和餐饮业的电子发票不同。

（2）电子凭证可依靠计算机软件工具对其各个要点检测搜索，自动检查出不合格、不合理的项目，合理使用软件工具既可加快工作效率又能提高准确率。

（3）相对于纸质原始凭证，电子凭证更容易被修改和利用，有时甚至出现存放电子凭证的电脑出现故障又缺少备份而丢失电子凭证的问题。因此，需要审计人员加强自身电脑知识，统一和规范使用单位的会计软件，并加强系统安全性、使用防火墙、文件加密、多备份等。

（4）审计人员在审计电子票据时要注意其生成来源、存储和保管传递是否安全可靠，在具体的一笔电子凭证审计中还要考虑和此笔业务相关的经办人、签约人等人的电子签字。

第二节　会计账簿的审计

一、会计账簿审计的定义

会计账簿审计是指对会计账簿的组织及其反映经济业务的真实性、正

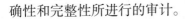

确性和完整性所进行的审计。

二、会计账簿审计的目的

会计账簿是会计核算过程中全面、连续、系统地记载企业各项经济业务及其财务收支的记录，对会计账簿进行审查，可以掌握每项已经发生的经济业务的来龙去脉，揭露错误和弊端，检查经营成果和财务状况。

三、会计账簿审计的主要内容

会计账簿审计的主要内容是看会计账簿的设置、登记和管理是否符合《会计基础工作规范》及有关财务会计制度的规定。具体内容包括：

(1) 据以入账的凭证是否整齐完备。

(2) 账簿有关内容与原始凭证的内容是否一致。

(3) 账户的运用是否恰当。

(4) 货币收支的金额有无不正常现象。

(5) 记账、结账等是否符合规定的技术要求。如登记是否及时、摘要是否清楚、余额结算是否正确、账簿是否连续使用登记、是否按规定的时间结账等。

四、账簿会计舞弊的常见形式

会计账簿中常见的舞弊形式有：

(1) 簿记没有凭证，记账没有基础。也就是说，会计账簿上所列的业务不是以审核的原始凭证为基础，逐一填写记账凭证，而是会计人员编造的，或者在合法凭证中插入了一些非法的业务内容。

(2) 涂改、销毁、遗失、毁损账簿，以掩饰其欺诈行为。如相关账簿被篡改，采取类似于涂改凭证的手段；有的会制造事故，造成账簿被意外损毁的假象，从而掩盖一般过失中的违法行为，打断审核人员的线索。

(3) 抵销科目。即企业建立两套或三套台账，一套用于内部管理（不对外开放），另一套用于处理外部部门的检查，以便根据自身需要向社会公布一套台账。

(4) 挂账、改账、虚账。

五、会计账簿审计的审计程序

（1）运用审阅法审查账簿是否符合一般原理原则。

（2）运用平衡原理和账簿内控制约关系审查账实是否相符。

（3）审查核对过账的正确性。核对过账即审计者以审查合格的凭证为依据查明转记于账簿中的每笔记录的真实性、正确性和合法性的一项具体工作。

（4）审查账簿记录运算的正确性。

（5）对审查核对过账中账证数字不符的相关凭证进行复查和验证。

（6）对涉及账实方面的问题运用财产清查的方法审查其账实是否相符。

（7）对前述所查的主要问题，运用查询法进行查证核实，取得相应证据。

第八章 资产类账户的审计

第一节 库存现金的审计

一、库存现金审计的定义

库存现金审计是一种对企业的现金进行审计的过程，旨在评估现金的流动、安全性及合规性。它主要关注的是企业账户中未被银行系统记录的现金余额及这些现金的使用情况。库存现金审计通常由专业的审计师执行，以帮助企业识别潜在的财务风险，并提供必要的改进建议。

二、库存现金审计的目标

（1）确认现金的安全性和完整性。库存现金审计的主要目标是确认企业账户中的现金是否安全、完整。审计师会检查现金的存放位置，核实是否有未经授权的挪用或遗失情况。

（2）评估现金的使用效率。审计师会审查现金的使用情况，包括支付流程、开支合规性及是否遵循最佳实践等，以评估现金的使用效率。

（3）发现潜在的财务风险。库存现金审计可以识别潜在的财务风险，如现金流动问题、违规行为等，并向企业提供相应的改进建议，以降低潜在的财务风险。

（4）提供合规性保证。对于一些特定行业，如金融、医疗等，库存现金审计是必需的，因为它可以提供合规性保证，证明企业遵守了相关的法规和政策。

（5）优化现金管理策略。通过库存现金审计，企业可以了解其现金管理的现状，并根据审计结果优化其现金管理策略，以提高资金的使用效率。

综上所述，库存现金审计是企业财务管理中不可或缺的一部分。通过进行库存现金审计，企业可以确认现金的安全性和完整性，评估现金的使用效率，发现潜在的财务风险，提供合规性保证和优化现金管理策略。为了确保审计的有效性，企业应定期进行库存现金审计，并确保审计师具备资格和经验。

三、库存现金审计方法

(一) 对库存现金内部控制制度进行符合性测试

1. 了解现金内部控制制度

在进行库存现金审计前，了解并评估被审计单位的现金内部控制制度是至关重要的。审计人员应与被审计单位的管理层和员工进行交流，了解现金收支流程、审批程序、记录程序等。通过这种方式，发现被审计单位的潜在风险点，为后续的审计工作提供基础。

2. 抽取并审查收款凭证

在符合性测试阶段，审计人员应抽取并审查现金收款凭证，确保其真实、完整、合规。审计人员应对凭证的真实性进行核实，检查是否有虚假发票、重复报销等情况。同时，应对凭证的完整性进行检查，确保每笔收入都得到了完整的记录。对于不合规的凭证，应进一步调查并记录在审计报告中。

(二) 库存现金的实质性测试

在进行符合性测试后，审计人员应进行库存现金的实质性测试，包括但不限于以下内容。

（1）现场盘存。审计人员应亲临现场，对库存现金进行盘存，核实现金实有数额，确保与账面记录一致。

（2）核对银行对账单。审计人员应将被审计单位的银行对账单与银行流水进行核对，发现是否存在未入账的现金收入或支出。

（3）审查大额现金交易。对于大额现金交易，审计人员应进行深入调查，了解其真实性和合规性。

（4）评估现金内部控制制度的有效性。在实质性测试阶段，审计人员应对现金内部控制制度的有效性进行评估，判断其是否能够有效防止舞弊和错误。

（5）提出改进建议。根据测试结果，审计人员应提出改进建议，帮助被审计单位完善现金内部控制制度，提高财务管理的效率和可靠性。

综上所述，库存现金审计是一个全面、细致的过程，需要审计人员具备丰富的经验和专业技能。通过了解现金内部控制制度、抽取并审查收款凭证，以及进行库存现金的实质性测试，确保审计结果的准确性和可靠性，为被审计单位提供有力的财务支持。

第二节　银行存款的审计

一、银行存款审计的定义

银行存款审计是对银行存款的收入、支出和结存情况，以及执行结算制度和现金管理制度进行的审计。

二、银行存款审计的主要内容

（1）查证银行存款结存数额，核对企业银行存款账存余额与开户行账存余额是否一致。抽查发生额是否一致。

（2）审查银行存款收入的正确性、合理性、合法性。检查收入的对应科目及收入来源，查明现金收入是否符合现金收入的范围并及时按规定送存银行。

（3）审查银行存款支出的正确性、合理性、合法性。检查支出的对应科目及支出用途，查核提取巨额现金的情况，查核开具支票是否按规定程序审批办理，查阅支票存根编号是否连续，如有缺号，应追查原因。

（4）查核银行存款的记账与银行对账单的入账日期，查明双方的入账有无相差很远的现象，对双方的"未达账项"逐笔查清原因。

（5）查核有无将银行账户出借、出租给其他单位或个人使用；查明有无外单位或个人以汇款、转账支票或现金的方式与被审计单位调换支票或付款委托书等。

（6）查明银行存款结算户与专用基金存款户账目有无相互混淆。

（7）查明银行存款收付是否遵守现金管理制度、结算制度、会计制度及各项有关政策法令的规定。

（8）评价银行存款收付业务的内部控制制度的严密程度和执行情况，并对薄弱环节提出改进措施。

三、银行存款审计实务

（一）余额审查

（1）由被审计单位会计人员将银行存款收付凭证全部登记入账，并结出余额。

（2）发函或派人到开户银行取得企业在银行存款数额的证明。我国从银行取得的证明材料主要是银行对账单，上面应盖有银行公章和会计负责人的签章。

（3）用银行对账单同企业银行存款日记账记录逐笔核对，编制银行存款余额调节表。

（二）收付审查

（1）银行存款收付业务的合规、合法性审查。

（2）银行存款收付业务的真实、正确性审查。

（三）控制函证

银行存款函证，是银行存款审计的传统方法，也是证明银行存款存在性及所有权的主要手段。为了提高银行存款审计的质量、控制审计风险，在执行银行存款审计业务时，函证程序应该注意以下方面。

（1）审计人员必须取得被审计单位银行对账单，并根据对账单审计基准日的存款余额，填写银行询证函。

（2）对于本会计期间新开户和销户的银行账户，要取得有关资料，一并函证，特别是要函证销户账户的原开户行，以确认是否存在未入账贷款。

（3）银行询证函应该由审计人员直接发出并接收。

（4）对于银行账户较多的企业，要了解账户较多的原因，防止其他可能的审计风险。

(四) 核对流水

传统的银行存款审计，只关注银行存款的期末余额，对银行存款流水不够重视。在实际操作中，特别是一些资金流量大的企业，可能存在一定的风险。为了控制资金挪用等风险，需要核对资金流水，寻找没有入账的资金收付。要注意以下几个方面。

(1) 取得本期全部银行对账单，根据审计重要性水平，结合专业判断，确定需要核对的金额下限。

(2) 将限额以上的资金流水和银行存款日记账进行核对。没有入账的资金收付，如果没有形成未达账项，肯定借贷双方都有发生，所以，为了减少核对工作量，可以只核对日记账贷方发生数。

(3) 如果发现没有入账的资金收付，要认真查找原因，可能的原因主要包括被审计单位出借银行账户、收入不入账、挪用资金等。

①出借银行账户的情况多见于小企业和特殊行业的企业，如建筑业等。这种情况一般是在对账单上先有一笔资金收入，在相近日期又有一笔资金支出，金额相等，常以整数出现。对于这种情况，要进一步追查资金的来源和去向，必要时，可以进行函证。要核对有关的销售合同，查明是属于出借账户，还是收入没有入账。

②收入不入账的情况多见于有避税需求的企业。这种情况一般是在对账单上先出现一笔资金收入，然后一次或分次转出。对于这种情况，审计的策略与前一种基本相同。

③挪用资金的情况多见于资金存量和流量都比较大、内部控制不完善的企业。一般是对账单上先出现一笔资金支付，然后一次或分次转回，资金的支付可能以现金的方式进行，也可能流向证券营业部等其他单位。审计人员如果发现这种情况，除了进一步采取追查措施以外，还要根据情况，必要时，向企业主管人员反映情况。

(五) 关注定期存款

对于定期存款的审计，要足够重视、控制风险，特别注意以下几个方面。

1. 取得定期存单原件

取得定期存单原件，不能用复印件代替。因为可能存在一些定期存单相关交易，在复印件上是难以发现的。

（1）定期存单的存款期限跨越审计基准日。被审计单位先将定期存单复印留底，然后在定期存单到期之前，提前取现，用套取的货币资金虚增收入或挪用及从事其他违规业务。

（2）定期存单作为质押物，进行质押贷款。将定期存单复印留底，用质押贷款所得货币资金虚增收入或挪用及从事其他违规业务。

（3）定期存单背书转让。将定期存单复印留底，用转让所得货币资金虚增收入或挪用及从事其他违规业务。

2. 要根据专业判断，对定期存单进行函证或抽样函证

函证必须由审计人员亲自管理。根据对被审计单位内部控制的判断，决定抽样的比例，如果在进行抽样函证时，出现差异，必须查找原因并全部函证。

3. 要关注定期存单的转存

将存单的会计期间内转存过程与银行存款日记账进行核对，以确认所有的转存已全部入账。对于没有入账的转存业务，要关注其利息是否已经入账。难以逐笔核对的，要进行测算，发现不可接受的差异，既要追查原因，还要根据业务约定提出管理建议。

（六）关注未达账项

对未达账项的审计，是对银行存款进行审计的主要方面之一，要根据未达账项的具体情况，做进一步核实。

（1）银收企未收。要查明款项来源和性质，必要时与合同核对，以确认是否属于应转未转的收入。特别是对于有避税要求和在各会计期间之间平衡利润要求的企业，对于大额银收企未收款项，要保持足够的职业谨慎。

（2）银付企未付。要查明款项的去向和性质，确认是否属于应计未计的费用。对于长期未达账项，要保持足够的职业敏感性，确认是否属于挪用资金或相关违规行为。必要时，可以向款项的去向单位函证交易的性质。

（3）企付银未付。要查明款项的去向和性质，确认是否属于虚转成本。必要时，可以向对方单位函证交易的性质。

（4）企收银未收。要查明款项的来源和性质，特别关注款项的真实性。必要时，要函证交易的性质，以确认是否属于虚构收入。

（七）关注问题

企业内部资产风险管理的一般理论认为，流动性越高的资产，其控制的固有风险越高，因而，需要更为严格的控制程序，避免资产损失风险和错报风险，而审计是风险控制的重要手段。银行存款作为一个单位流动性较强的资产，审计人员在对其进行审计时，为降低审计风险，必须保持合理的怀疑及必要的谨慎。尤其需要关注以下三个问题。

1. 银行存款真实性

将银行存款余额及发生额与银行存款利息进行核对，检查银行存款存在的真实性。存款利息是银行存款所派生出来的，因此，它与银行存款在总量上必须相匹配，即一定的利息收入必须与相应的银行存款相对应。通过将银行存款与利息核对，一方面可以审查银行存款是否全额入账，有无账外资金；另一方面可以验证银行存款的真实状况。如果账面记载的利息收入大于根据账面存款计算所得利息，则表明该单位提供的银行存款账户不全，有账外存款；如果账面利息小于根据账面存款计算的利息，则有转移利息收入或挪用银行存款的嫌疑；对账面没有记载利息收入的银行存款，应重点追查银行存款是否真实存在。

2. 核对资金流水，关注银行存款调节表

银行存款余额必须与银行对账单核对相符，但是往往由于双方存在未达账务或者记账错误，需要由会计人员编制调节表进行调整后才能核对相符。审计时，审计人员应向会计人员索取最近月份的调节表，分币种、分户头逐户逐笔核对，查明银行对账单的每笔收付金额是否与银行存款日记账相等，是否有收付同时增加或同时遗漏等情况，调整后余额是否相符，计算有无错误。要对银行已收或已付而企业尚未入账，或企业已收或已付而银行尚未入账的金额逐笔查明原因，并检查是否于下月初自动调整。出借银行账户和收入不入账的情况一般是在对账单上先有一笔资金收入，在相近日期又有一笔资金支出，金额相等，常以整数大额出现。这种一进一出的资金运动，成为一些单位出借账户、转移资金的惯用手法。这一番操作，掩盖了资金的本来面目，改变了资金原有的性质。这种手法具有一定的隐蔽性。因此，审计人员必须加以关注。对于这种情况，要进一步追查资金的来源和去向。挪用资金的情况一般是对账单上先出现一笔资金支付，然后一次或分次转回，资金的支付可能以现金的方式进行，也可能流向证券理财等其他单位。如果发现这种情况，应进一步采取措施，追查资金流向。

3.付款单位——违纪线索

关注银行存款付款单位的相关情况，注意发现违纪违规问题线索。

对付款有关情况进行检查，也能发现重大违纪违规问题的线索。在转账结算方式下，结算凭证上要填写收款单位名称、开户银行、银行账号及付款单位名称、开户银行和银行账号。应重点审查被审计单位及所属单位之间的资金往来，注意进账单中所填写的付款单位的账号是否已向审计人员提供，有无隐瞒的银行账号。

第三节　预付账款的审计

一、预付账款概述

预付账款是指买卖双方协议商定，由购货方预先支付一部分货款给供应方而发生的一项债权。预付账款一般包括预付的货款、预付的购货定金。预付账款是预先付给供货方客户的款项，也是公司债权的组成部分。

作为流动资产，预付账款不是用货币抵偿的，而是要求企业在短期内以某种商品、提供劳务或服务来抵偿。包括：借方登记企业向供货商预付的货款，贷方登记企业收到所购物品应结转的预付货款，期末借方余额反映企业向供货单位预付而尚未发出货物的预付货款。

二、预付账款审计的定义

预付账款审计是一种特殊的审计方式，其主要目标是评估企业对于预付账款的处理方式是否符合相关法规，以及企业内部控制系统是否有效运行。预付账款通常是企业向供应商预先支付的货款，以换取商品或服务的预先支付。

预付账款的审计，是审计中不可忽视的环节，它既是资产的重要组成部分，也是资产负债表的主要项目，通常结合购货与付款循环的审计进行。

三、预付账款审计的意义

（1）保障交易公平：预付账款审计有助于确保企业与供应商之间的交易公平、公正，避免任何形式的欺诈或不当行为。

（2）保护企业利益：预付账款审计可以发现并纠正预付账款管理中的问题，避免企业利益受到损害。

（3）优化财务结构：有效的预付账款审计能够优化企业的财务结构，提高资金使用率，从而有助于企业的长期发展。

总的来说，预付账款审计是企业财务管理的重要组成部分，对于保障交易公平、保护企业利益、优化财务结构等方面都具有重要的意义。通过定期进行预付账款审计，企业可以确保其财务活动符合法规要求，发现并解决潜在的问题和风险，从而为企业的长期发展奠定坚实的基础。

四、预付账款审计的目标

预付账款审计的目标包括：
（1）确定预付账款是否存在。
（2）确定预付账款是否为被审计单位所有。
（3）确定预付账款增减变动的记录是否完整。
（4）确定预付账款期末余额是否正确。
（5）确定预付账款在财务报表上的披露是否恰当。
（6）确定预付账款和应付账款的分类是否正确。

五、预付账款审计的程序

（1）获取或编制预付账款明细表，复核加计正确，并与报表数、总账数和明细账合计数核对相符。同时请被审计单位协助，在预付账款明细表上标出会计报表日至审计日止已收到货物并冲销预付账款的项目。

（2）分析预付账款账龄及余额构成，根据审计策略选择大额或异常的预付账款重要项目（包括零余额账户），函证其余额是否正确。

（3）结合应付账款明细账抽查入库记录，查核有无重复付款或将同一笔已付清的账款在预付账款和应付账款两个科目中同时挂账的情况。

（4）分析预付账款明细账余额，对于出现贷方余额的项目，应查明原因，必要时，建议进行重新分类调整。

（5）对于用非记账本位币结算的预付账款，检查其采用的折算汇率和汇兑损益处理的正确性。

（6）检查预付账款长期挂账的原因。

（7）检查预付账款是否在资产负债表上恰当披露。如果被审计单位是上市公司，则其会计报表附注通常应披露预付账款账龄分析，欠款金额较大单位的名称、期末数额、欠款时间、欠款原因，以及持有 5% 以上（含 5%）股份的股东单位账款等情况。

第九章 负债类账户的审计

第一节 短期借款与长期借款的审计

一、短期借款审计

(一) 短期借款

短期借款是指企业为了生产经营的需要、弥补流动资产的不足，而向银行和其他金融机构借入的、偿还期在一年以内的各种借款。这种借款通常用于满足企业在特定时间段的临时性资金需求。

(二) 短期借款审计的定义

短期借款审计是对企业借入的、期限在一年以内的各种借款进行的审查。

(三) 短期借款审计的目标

短期借款审计的主要目标是确保企业遵守借款政策、法规和合同条款，并评估借款的真实性、有效性和合规性。具体来说，审计的目标包括：
(1) 确认借款的真实性、合法性和合规性。
(2) 评估借款的使用是否符合企业的战略目标和业务需求。
(3) 审查借款的还款计划和实际还款情况，确保按时还款。
(4) 识别潜在的财务风险和风险控制措施的有效性。

(四) 短期借款审计的意义

短期借款审计具有以下重要意义。
(1) 保障企业财务安全。通过审计，及时发现并纠正不合规的借款行为，避免潜在的法律风险和财务风险。

（2）提高资金使用效率。审计可以发现借款使用不当或浪费的情况，促使企业优化资金使用，提高资金周转率。

（3）促进合规经营。短期借款审计有助于企业遵守相关法规和政策，确保企业合规经营。

（4）增强企业信誉。良好的短期借款审计工作能够提高企业的信誉度，增加合作伙伴的信任度，从而有利于企业的长期发展。

总之，短期借款审计是企业财务管理的重要组成部分，对于保障企业财务安全、提高资金使用效率、促进合规经营和增强企业信誉具有重要意义。

（五）短期借款审计的注意事项

1. 确定短期借款期末余额的真实性

（1）审查有关借款的账簿记录、借款凭证及有关文件。确定借款业务的真实性；将短期借款总账余额与其明细账核对，确定其一致性。如有不符应查明原因。

（2）利用银行借款对账单与短期借款余额核对。编制调节表进行调节。

（3）短期借款期末余额较大或有关业务的内部控制存在薄弱环节时，对有关债权人进行询证。

2. 真实性、及时性和合规性

审查短期借款偿还的真实性、及时性和合规性。

审查账簿记录，验证短期借款账户借方发生额同有关付款凭证是否相符；还款日期与借款合同内容核对，确定还款的及时性；如果逾期偿还，须查明原因和责任。

3. 完整性

审查短期借款入账的完整性。

（1）审查各项借款的日期、利率、还款期限及其他条件，确定有无将短期借款记入长期负债账户的问题。

（2）向被审计单位开户银行或其他债权人询证，确定有无未登记的短期借款负债。

（3）分析利息费用账户。了解利息支出、利率及利息支付期限等，验证

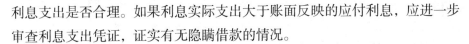

利息支出是否合理。如果利息实际支出大于账面反映的应付利息，应进一步审查利息支出凭证，证实有无隐瞒借款的情况。

4.验证准确性

验证利息计算及账务处理的准确性。

根据短期借款的有关资料，验算应付利息费用，将计算结果与期初应付、预付及期末应付、预付勾稽核对，并查明相关的会计记录是否准确。

(六) 审计程序

(1) 获取或编制短期借款明细表，复核其加计数是否正确，并与明细账和总账核对相符。

(2) 向银行或其他债权人函证重大的短期借款。

(3) 对年度内增加的短期借款，检查借款合同和授权批准，了解借款数额、借款条件、借款日期、还款期限、借款利率，并与相关会计记录进行核对。

(4) 对年度内减少的短期借款，检查相关会计记录和原始凭证，核实还款数额。

(5) 检查年末有无到期未偿还的借款，逾期借款是否办理了延期手续。

(6) 复核已计借款利息是否正确，如有未计利息应做出记录，必要时进行适当调整。

(7) 检查非记账本位币折合记账本位币采用的折算汇率，折算差额是否按规定进行会计处理。

(8) 验明短期借款是否已在资产负债表上充分披露。

二、长期借款的审计

(一) 长期借款

长期借款是指企业向金融机构和其他单位借入的、偿还期限在一年或超过一年的一个营业周期以上的债务。

(二) 长期借款审计的定义

长期借款的审计是指对借款的合法性、合规性、真实性和完整性进行的审计。

(三) 长期借款审计的目标

长期借款审计的目标包括以下几个方面。

(1) 确认借款的合法性。审查借款的来源、审批程序、借款条件等是否符合相关法规和政策要求。

(2) 保证借款的真实性。审查借款的还款计划、实际还款情况，以及借款是否真实存在，避免虚假借款或虚构债务。

(3) 确保借款的合规性。审查借款的使用情况，是否符合企业的经营战略和财务管理政策，防止违规使用或挪用。

(4) 验证借款的完整性。检查长期借款的记录是否完整，是否有遗漏或未入账的借款。

(四) 长期借款审计的意义

长期借款审计对于企业具有重要意义，主要体现在以下几个方面。

(1) 保障企业财务安全。长期借款是企业重要的资金来源之一，审计可以确保借款的真实性和合规性，避免财务风险。

(2) 提高企业信誉。长期借款审计可以增强外界对企业的信任，有利于企业树立良好的形象和信誉。

(3) 促进企业可持续发展。长期借款审计可以确保企业长期投资活动的顺利进行，有利于企业的可持续发展。

(4) 加强内部管理。长期借款审计是企业内部管理的重要手段之一，可以促进企业内部的规范化管理，提高企业的整体管理水平。

综上所述，长期借款审计是企业财务管理的重要组成部分，对于保障企业财务安全、提高企业信誉、促进企业可持续发展和加强内部管理具有重要意义。

(五) 长期借款审计的程序

(1) 编制长期借款及利息费用明细表。

(2) 询证长期借款。如果长期借款期末余额较大，或有关业务内部控制有薄弱环节，应向贷款银行或其他金融机构发函询证借款额、借款利率、已偿还数额及利息支付情况等。

（3）验证长期借款期末余额。审查账簿记录，验证长期借款期末余额与相关的原始凭证上反映的余额是否一致。

（4）审查长期借款抵押、担保情况。审查抵押资产是否确实存在；该资产抵押前的所有权是否确为企业所有；资产价值和实际状况是否与借款合同的规定相一致；借款有担保人时，查明担保人是否符合法定要求。

（5）对未入账负债的审查。①查阅企业管理当局的会议记录，了解企业决定筹集的全部债务资金的来源。②向被审计单位索取债务说明书。③向债权人询证负债金额。④分析利息费用账户，验证利息支出是否合理，确定实际支出利息是否大于账面反映的应付利息，以查明有无付款利息来自未入账的长期负债。⑤审查取得资产的融资方式、复核货币资金的收入来源等，审核银行存款余额调节表的未达账项确认借款不入账、支出不入账的问题。

（6）审查长期借款合同履行情况。根据长期借款合同有关条款，审查金融机构是否按合同规定及时定额向借款单位发放贷款，借款单位对借款的使用和归还是否履行借款合同的规定，借款的用途和使用是否合理、合法，企业有无违约行为。

（7）审查长期借款分类和记账的准确性。

(六) 长期借款审计的要点

（1）审查借款的记录、凭证、银行借款对账单及有关文件，对长期借款期末余额较大或有关业务的内部控制存在薄弱环节时，向有关债权人进行函证，以确定借款业务的真实性。

（2）审查记录，核对还款日期与借款合同，确定还款的及时性，如逾期偿还需查明原因和责任。审查借款转期的账务处理是否真实，转期手续是否齐备。

（3）审查各项借款的日期、利率、还款期限及其他条件，确定长期借款记载的完整性及正确性。

（4）根据长期借款的有关资料，验算应付利息费用，验证利息计算及账务处理的正确性，如发现合同规定利率明显偏离市场利率，应做进一步审核。

第二节 预收账款的审计

一、预收账款概述

预收账款是指企业向购货方预收的购货定金或部分货款。企业预收的货款待实际出售商品、产品或者提供劳务时再行冲减。预收账款是以买卖双方协议或合同为依据，由购货方预先支付一部分（或全部）货款给供应方而发生的负债，要用以后的商品或劳务来偿付。

预收账款一般包括预收的货款、预收购货定金等。企业在收到这笔钱时，商品或劳务的销售合同尚未履行，因而不能作为收入入账，只能确认为负债，即贷记"预收账款"账户。企业按合同规定提供商品或劳务后，再根据合同的履行情况，逐期将未实现收入转成已实现收入，即借记"预收账款"账户，贷记有关收入账户。预收账款的期限一般不超过一年，通常应作为一项流动负债反映在各期末的资产负债表上，若超过一年（预收在一年以上提供商品或劳务）则称为"递延贷项"，单独列示在资产负债表的负债与所有者权益之间。

二、预收账款审计的定义

预收账款的审计是对其真实性和完整性的确认和验证过程。

三、预收账款审计的目标

预收账款审计的主要目标包括：

（1）确认预收账款的金额、分类和列示是否准确无误。

（2）确认预收账款的余额是否真实存在，是否存在虚增或虚减的情况。

（3）确认预收账款的流动性和完整性，即是否存在长期挂账或异常流动的情况。

（4）确认是否存在与预收账款相关的合同规定，是否符合企业实际情况。

四、预收账款审计的意义

预收账款审计具有以下重要意义。

（1）保障财务信息的真实性。审计可以确保预收账款的金额、分类和列示符合实际情况，避免财务造假和欺诈行为。

（2）提高财务报告的可靠性。预收账款是财务报表的重要组成部分，审计可以确保其准确性和完整性，提高财务报告的整体质量。

（3）促进企业的合规性。审计可以发现并纠正违反法律法规或合同规定的行为，有助于企业遵守相关规定，维护企业的合规性。

（4）保护投资者利益。审计可以向投资者提供有关企业财务状况的准确信息，帮助他们做出明智的投资决策。

综上所述，预收账款审计是企业财务管理中不可或缺的一部分，对于保障财务信息的真实性、提高财务报告的可靠性、促进企业的合规性及保护投资者利益具有重要意义。

五、预收账款审计的程序

（1）获取或编制预收账款明细表，复核加计正确，并核对其期末余额合计数与报表数、总账数和明细账合计数是否相符。

（2）检查已转销的预收账款。请被审计单位协助，在预收账款明细表上标出至审计日止已转销的预收账款，重点对已转销金额较大的预收账款进行检查，核对记账凭证、仓库发运凭证、销售发票等，并注意这些凭证发生日期的合理性。

（3）抽查相关凭证。抽查预收账款有关的销售合同、仓库发运凭证、收款凭证，检查已实现销售的商品是否及时转销预收账款，确定预收账款期末余额的正确性和合理性。

（4）函证预收账款。选择预收账款的若干重大项目函证，根据回函情况编制函证结果汇总表。

（5）检查预收账款是否存在借方余额，决定是否建议做重分类调整。

（6）检查预收账款长期挂账的原因，并做出记录，必要时提请被审计单位予以调整。

（7）对税法规定应予纳税的预收销售款，结合应交税费科目，检查是否及时、足额计缴有关税金。

（8）确定税收汇款是否已在资产负债表上做恰当披露。

（9）检查预收账款是否已在资产负债表上做恰当披露。

第十章　所有者权益类账户审计

第一节　实收资本的审计

一、实收资本

所谓实收资本是指企业收到的投资者实际投入企业的资本，在"实收资本"的概念中，如果企业一次筹集的资本等于注册资本，那么实收资本就是企业的资本金；反之，如果企业分期筹集资本，那么在最后一次缴入之前，实收资本都少于注册资本。

二、实收资本审计的定义

实收资本审计，主要是对资本金制度执行情况的审计。实收资本审计是企业所有者权益审计的组成部分，对明确企业投资人对于企业净资产的所有权和企业的清算核查具有重要作用。

三、实收资本审计的主要内容

(1)投资者投入企业的资本是否经过验资，有无中途抽走资本的行为。

(2)实收资本投入的比例结构是否合理、合法。

(3)实收资本的增减变动是否符合法律法规和合同、章程的规定，记录是否完整、正确，账务处理是否合规。

(4)实收资本年末余额是否正确。

(5)实收资本在会计报表上的反映是否恰当。

四、实收资本审计的程序

(1)检查投资者是否已按合同、协议、章程约定时间缴付出资额，其出资额是否已经中国的注册会计师验证，已验资者，应查阅验资报告。

（2）以外币出资的，检查其实收资本折算汇率是否符合规定，折算差额的会计处理是否正确。

（3）检查实收资本增减变动的原因，查阅其是否与董事会纪要、补充合同、协议及有关法律性文件的规定一致。

（4）验明实收资本是否已在资产负债表上恰当反映。

五、实收资本审计的做法

在实收资本审计中应重点做好四个方面的工作。

一是审查实收资本筹集、核算的合法性。首先从筹集入手，确认注册资本的筹集是否符合国家规定，审批手续是否完备，出资协议是否齐全，是否符合企业章程等；其次在资本变动时，要确认注册资本增减变动是否符合国家规定及经过验资并经变更登记；最后在资本所有权转让时，要审查转让是否经过其他出资人同意，手续是否齐备等。

二是审查实收资本的真实性。要确认企业是否有通过假验资虚列实收资本、注册完毕抽逃资本、虚假评估虚列实收资本等行为，一经发现严肃处理。

三是审查企业所有权和资本分类的正确性。查明企业是否正确划分了权益资本与借入资金的界限、实收资本与资本公积的界限、股本与资本公积的界限等。

四是审查资本计价的正确性。确认现金以外的有形或无形资产投资的入账价值，与合同、协议规定的价值及资产评估确认价值是否一致等。

六、实收资本审计的注意事项

（1）编制或取得实收资本明细表、实收资本审计架构。

（2）审查实收资本的存在性。取得实收资本投入有关的记录及文件等，应注意原始凭证所反映的内容。投入货币资金是否确实存入企业开户银行；对原材料和设备等实物资产应审核购货发票、对融资租入固定资产审核其租赁合同，对房地产等固定资产应审核其所有权或使用权证明文件；对投入的无形资产应审查是否办理了法律手续，有无合法的证明文件。

（3）审查实收资本记录的完整性。将实收资本明细表与有关原始文件的记录进行核对，查明其是否一致，以确定实收资本的记录是否完整。如果不一致，应查明原因。

（4）审查实收资本业务是否做了充分揭示。

（5）审查实收资本业务的合法性。审阅账册、凭证。查明注册资本是否符合公司法等法律要求；投入资本是否按时全部到位，有无违约情况；无形资产投入比例是否符合规定；非货币性资产投入时，资产评估是否合规、合法；有外商投资时，应索取商检报告，以确定投资业务的合法性；审查减资的合法性。查明有无抽逃资本等违法行为。

（6）审查实收资本分类的合理性。审查实收资本账户及有关原始文件、凭证，查明企业是否根据不同的投资主体在"股本"明细科目中核算。有无错记、漏记和作弊行为，特别查明普通股与优先股是否分开记录；投入资本与借入资金的划分是否合理，有无将两者混淆记录的情况。

（7）审查资本业务账务处理的准确性。审查投资者投入资本或股东入股的资产计价是否准确、合理，有无高估或低估资产价值；审查股份制企业改造时，资本业务处理是否准确；吸收外币投资时，审查投资的币种、汇率及折算差额的准确性；企业减资时，查明减资业务处理准确性；核对实收资本明细账与总账余额、报表的一致性。

第二节　资本公积的审计

一、资本公积概述

资本公积是指企业在经营过程中由于接受捐赠、股本溢价及法定财产重估增值等原因所形成的公积金。资本公积是与企业收益无关而与资本相关的贷项。资本公积是指投资者或者他人投入企业、所有权归属于投资者，并且投入金额上超过法定资本部分的资本。

二、资本公积审计的定义、目标与意义

（一）资本公积审计的定义

资本公积审计是指对企业按规定取得的资本公积金（或称投资公积金）

所进行的审计。

(二) 资本公积审计的目标

资本公积审计的目标包括但不限于以下几点：

(1) 确定资本公积的来源和构成是否符合会计准则和相关法规的规定。

(2) 核实资本公积的增减变动是否真实、合法。

(3) 检查是否存在违规使用资本公积的情况。

(4) 对企业的未来发展提出建议，以便合理使用资本公积，提升企业的持续盈利能力。

(三) 资本公积审计的意义

资本公积审计具有以下重要意义。

(1) 保障投资者权益。资本公积是企业股东共同享有的净资产，审计可以确保其合法使用，保障投资者的权益。

(2) 规范企业行为。审计可以规范企业的资本运作，防止违规操作，确保企业行为的合法性。

(3) 提高财务透明度。资本公积审计可以提高企业的财务透明度，让投资者了解企业的真实财务状况和经营情况。

(4) 促进企业发展。对资本公积进行审计，可以发现企业的潜在机会和发展瓶颈，为企业提供合理的财务规划和发展建议，促进企业的可持续发展。

综上所述，资本公积审计是企业财务管理的重要环节，对于保障投资者权益、规范企业行为、提高财务透明度和促进企业发展具有重要意义。

三、资本公积审计的主要内容

(一) 资本 (或股本) 溢价的审查

审计人员对资本 (或股本) 溢价进行审查时，应审阅企业的章程、合同，以及向发行股票的证券机构和有关人员查询，并审查资本溢价是否为企业吸收新的投资者时形成，是否经董事会决定并报原审批机关批准，从中审查企

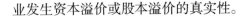

业发生资本溢价或股本溢价的真实性。

(二) 资产价值重估的审查

企业会计准则规定，企业各项财产物资应按取得时的实际成本计价；一般情况下不得调整其账面价值，但在特殊情况下，企业的财产账面价值可按法定程序重估。审查时要重点查明企业对资产进行重估是否符合评估法规，是否经具备法定资格的评估机构执行，是否在国家规定的范围之内。账务处理是否正确，有无错记、漏记的情况。

(三) 接受捐赠资产的审计

接受捐赠资产是企业从外部无偿取得的资产，其中，接受非现金资产捐赠，是指企业因接受非现金资产捐赠而增加的资本公积；接受现金捐赠，是指企业因接受现金捐赠而增加的资本公积。对接受捐赠资产的审计，应审查接受捐赠资产是否经过交接验收，是否取得报价并经评估确认，是否计入资本公积账户。

(四) 对外币资本折算差额的审计

外币资本折算差额，是指企业接受外币投资，因所采用的汇率不同而产生的资本折算差额。审查时，应查明其入账的汇率是否真实，计算是否正确，实收资本账户是否存在投入资本的虚增或虚减问题。

四、资本公积审计的程序

(1) 编制或取得资本公积明细表。

(2) 资本溢价或股本溢价审查。审查投资合同、协议、公司章程及账簿记录、凭证，确定资本溢价真实性；检查是否按实际出资额扣除投资比例所占的资本额来计算资本溢价；查明账务处理准确性；审查股票发行费用处理准确性。

(3) 拨款转入审查。检查政府批文、拨款凭证及项目完成记录和项目决算书等。查明其真实性和完整性。

(4) 接受捐赠资产审查。审查有关文件、凭证，确定企业接受捐赠资产的来源渠道是否正当，查明捐赠业务的真实性，捐赠资产计价和账务处理的准确性。

（5）资本汇率折算差额审查。取得有关明细账及出资证明、收款凭证和合同、协议等，验证外币资产投资的真实性及折算过程是否符合合同规定，复核计算是否准确。

（6）股权投资准备审查。审查企业对外投资形成的股权投资准备计算是否准确，账务处理是否正确。

（7）审查资本公积使用的合法性。审查资本公积明细账的借方发生额及有关凭证、账户的对应关系，查明资本公积使用及其变动的合法性。

五、资本公积审计的方法

审计人员应通过对"资本公积"账户记录及其原始凭证的审阅、核对进行资本公积的实质性测试，其主要内容包括合法性测试和公允性测试两方面，其具体审计方法如下。

（一）合法性测试

合法性测试，即审查企业资本公积的形成、使用及其结余额是否符合国家有关规定，是否按内部控制的要求经企业董事会授权合理使用。

1. 审查资本公积形成的合法性

（1）对资本溢价应检查是否在企业吸收新的投资者时形成，资本溢价的确定是否按实际出资额扣除其投资比例所占的资本额计算，其投资是否经企业董事会决定，并已报原审批机关批准；对股票溢价应检查发行价格是否合法，是否经有关部门批准，股票发行价格与其面值的差额是否全部计入资本公积，是否已扣除委托证券商代理发行股票而支付的手续费、佣金。

（2）对法定财产重估增值应检查资产价值重估的原因是什么，是否经有关部门批准，估价方法是否符合资产评估的有关法规，有无高估或低估价值、人为调节资本公积数额，评估机构是否具有国家确认的评估资格。

（3）对资本汇率折算差额应检查资本账户折合汇率是否经企业董事会决定，并由各投资方认可，资产账户折算所采用的汇率是否按照收到出资当日的国家外汇牌价或者当月1日的国家外汇牌价折合。

（4）对捐赠公积应审查接受捐赠资产是否按规定办理了移交手续，是否经过验收。资产计价是否取得有关报价单或经评估确认，接受的固定资产是否应计算折旧，有无捐赠资产未入账。此外，对各种资本公积形成的合法性审查，还应注意有无将应计入资本公积的权益计入其他账户。

2. 审查资本公积使用的合法性

主要应检查企业的资本公积是否按规定用作转增资本，转增资本是否经董事会决定并报工商行政管理机关依法办理增资手续，有无将资本公积擅自挪作他用的违法现象。

（二）公允性测试

公允性测试，即审查资本公积形成、使用和期末账面余额的合理可靠性。主要应检查形成资本公积的各项财产计价是否正确并取得相应的原始凭证；资本公积的使用是否办理有关凭证手续，计算是否正确。此项检查应查阅企业上年资本公积期末余额，当年企业接受投资的财产清单，接受捐赠的财产清单、报关单，企业对外投资或产权变动进行资产评估的有关报告，以及办理增资的有关审批报告和财产清单等财务资料。在进行上述有关凭证、上年度审计工作底稿审阅的基础上，应进一步进行"资本公积"账户的核对，做到账证相符、账表相符。对此，可编制资本公积账户分析表进行核对。只要资本公积上年余额及当年形成、使用的数额核对相符，就可保证资本公积期末账面余额的公允、合理性。

第十一章 损益类账户的审计

第一节 主营业务收入的审计

一、主营业务收入概述

主营业务收入是指企业从事本行业生产经营活动所取得的营业收入。主营业务收入根据各行业企业所从事的活动不同而有所区别，如工业企业的主营业务收入指"产品销售收入"；建筑业企业的主营业务收入指"工程结算收入"；交通运输业企业的主营业务收入指"交通运输收入"；批发零售贸易业企业的主营业务收入指"商品销售收入"；房地产业企业的主营业务收入指"房地产经营收入"；其他行业企业的主营业务收入指"经营（营业）收入"。企业在填报主营业务收入时，一般根据企业会计"损益表"中有关主营业务收入指标的上年累计数填写。

二、主营业务收入审计的定义

主营业务收入审计是指对企业商品销售所收到的款项，或收到购买方所出的收货凭证，或接受外单位委托代销商品的销售收入进行审计。

三、主营业务收入的审计目标

主营业务收入的审计目标包括确保财务报表中所反映的主营业务收入的准确性、完整性和真实性。审计人员会对企业的主营业务收入进行详细的审计，以验证其是否符合相关的会计准则和法规，并确保企业在报告主营业务收入方面没有进行任何欺诈或误导行为。

以下是主营业务收入审计的目标。

（1）确保准确性。审计人员将核实企业主营业务收入的金额是否正确计算，并与相关的支持文件进行比对。他们将检查销售合同、销售记录、发票

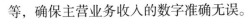

等，确保主营业务收入的数字准确无误。

（2）确保完整性。审计人员将核实所有相关的主营业务收入是否被正确记录和报告。他们将审查企业的销售流程和销售记录，确保没有任何主营业务收入被遗漏或没有被正确计入财务报表。

（3）确保真实性。审计人员将调查主营业务收入的真实性，确保企业没有进行任何虚假销售或其他欺诈行为。他们将检查销售合同的有效性、客户确认的准确性及收入来源的可靠性。

（4）遵守会计准则和法规。审计人员将评估企业是否遵守适用的会计准则和法规。他们将检查企业是否正确应用收入识别、确认和计量的准则，并确保相关披露的合规性。

（5）发现潜在风险。审计人员将评估企业的主营业务收入获得过程中存在的潜在风险，并提供建议和意见，以帮助企业改进其内部控制和业务流程。

在审计主营业务收入时，审计人员将采用一系列的审计程序和技术，包括抽样检查、确认函、询问职员等，以获取足够的审计证据来支持其审计意见。他们将与企业的管理层和内部审计部门密切合作，以获取必要的信息和文件，并与相关的第三方进行核实。

总之，主营业务收入的审计目标是确保财务报表中反映的收入准确、完整和真实，同时确保企业遵守相关的会计准则和法规，并提供有关风险和改进机会的建议。

四、营业收入的主要审计步骤

营业收入的主要审计步骤如下。

(一) 运用分析方法及监盘方法检查营业收入完整性

分析方法是将相关账户或项目进行研究、对比和分析。审计人员在评价被审计单位风险时有许多因素值得注意，包括：管理层对外报告及这些报告对其绩效评价的影响；企业经营业绩与行业内整体经营形势不一致；会计处理过于复杂；接近季度末或年末时，销售发生大幅度增加等。比率分析、趋势分析和合理性测试是三种常用的分析方法。

1. 比率分析

进行比率分析的目的在于判断财务指标是否存在异常变化。将企业年度内各期营业收入的实际数与计划数进行比较、分析，了解完成计划情况；比较本期各月营业收入的波动情况，了解有无异常；将本年度行业平均毛利率和本企业毛利率进行比较；分析年末最后一个月销售额占总销售额的比例；可变对价涉及的金额占赊销收入的比例；销售退回及可变对价涉及的金额占销售的比例等。

2. 趋势分析

企业在没有发生异常事项时，其经营业绩将会与以前业绩或行业趋势保持一致。例如，除非企业开发出新产品或业务流程改革，否则，其营业收入状况应保持稳定。趋势分析应包括：将被审计单位的营业收入趋势与经济状况、行业趋势相比较；毛利率是否高于行业平均毛利率；与上年同期的实际数相比较，了解变动趋势；计算本期重要产品和重要客户的销售额和毛利率，分析本期与上期有无明显变化；月销售额与以前年度同期及预算相比，是否存在季度末或年末销售激增的现象；是否超出经验及行业平均趋势给予客户折扣等。如果审计人员注意到6月和12月营业收入异常增加，就需要对相关业务进行调查。如果单独分析生产线、部门或其他一些具体部门，趋势分析的意义则更大。

3. 合理性测试

审计人员通过审查账户与某些因素的相关关系，收集关于这一账户的相关信息。可以使用回归分析，评价与以前结果之间的关系。例如，依据营业收入和自变量(营业成本、销售费用或行业总营业收入增长等)之间的关系，来估计生产线的月营业额。回归分析的另一种方法是联立分析，用多个方面的结果进行交叉比较，例如，用每平方米营业额对不同地点商店的收入合理性进行评价。

审计人员通过实施分析程序，可能识别出未注意到的异常关系，或难以发现的变动趋势，从而有目的、有针对性地关注可能发生错报的重大风险领域，有助于其评估重大错报风险，为设计和实施应对措施提供基础。如果发现异常或偏离预期的趋势或关系，审计人员需认真调查原因，评价是否可能存在舞弊导致的重大错报风险，涉及期末收入和利润的异常关系尤其值得注意。如果被审计单位利润表中有净利润，但经营活动现金流量是负值，审计人员应查找应收账款和存货虚增的可能性。监盘原材料、在产品、产成品等存货，对收入记录的完整性进行分析。通过比较分析和存货监盘，审计人员可获得被审计单位营业收入在整体上是否合理的证据，对于一些异常或有重大差异的项目，确定进一步审查的范围与方法，以便查明有无故意漏记收入或人为虚增收入及分类划分不当等情况。

(二) 验证营业收入入账正确性

实质性程序强调潜在的舞弊指标：正好在会计年度截止期前后出现大额销售或销售账户的异常调整；年度截止期前后的交易；会计年度最后一个月的销售条件比以前月份对客户更有利等。因此，审计人员应分析所有接近年末发生的大额销售或异常销售，核对原始凭证，或直接向客户确认交易条件。具体包括以下内容。

(1) 索取产品出库单存根、销售发票副本和各种收入明细账，相互核对，检查有无混淆主营业务收入与其他业务收入、营业外收入界限的现象。取得或编制营业收入项目明细表，复核其正确性，并与明细账、总账、报表数核对相符。

(2) 抽取一定数量的合同，检查企业与客户之间的合同是否满足下列条件：合同各方已批准合同并承诺将履行各自义务；合同明确了合同各方与所转让商品或提供服务相关的权利和义务；合同有明确的与所转让商品或提供服务相关的支付条款；合同具有商业实质，即履行合同将改变企业未来现金流量的风险、时间分布或金额；企业因向客户转让商品而有权取得的对价很可能收回。检查一定数量的产品出库单、销售发票副本、各种结算单据、有关明细账及大型产品的生产进度表，核实企业是否履行了合同中的履约义务，即在客户取得相关商品控制权时确认收入；核实企业是否遵循了权责发生制原则，并根据生产经营与结算方式的不同特点，真实完整地计入营业收入、结转营业成本。

①对于在某一时点履行的履约义务，审查企业是否在客户取得相关商品控制权时点确认收入。判断客户是否已取得商品控制权时，应当考虑下列迹象：企业就该商品享有现时收款权利，即客户就该商品负有现时付款义

务；企业已将该商品的法定所有权转移给客户，即客户拥有该商品的法定所有权；企业已将该商品实物转移给客户，即客户已实物占有该商品；企业已将该商品所有权上的主要风险和报酬转移给客户，即客户已取得该商品所有权上的主要风险和报酬；客户已接受该商品；其他表明客户已取得商品控制权的迹象。

②对于在某一时段内履行的履约义务，审查企业是否在该段时间内按照履约进度确认收入。企业应当考虑商品的性质，采用产出法或投入法确定恰当的履约进度。产出法是根据已转移给客户的商品对于客户的价值确定履约进度；投入法是根据企业为履行履约义务的投入确定履约进度。当履约进度不能合理确定时，审查企业是否按照已经发生的成本预计能够得到补偿的金额确认收入，直到履约进度能够合理确定为止。

③审查企业收入确认和成本结转的正确性。合同中包含两项或多项履约义务的，审查企业是否按照分摊至各单项履约义务的交易价格计量收入；审查交易价格在各单项履约义务中的分摊方法是否合理；审查交易价格的确定是否根据合同条款并结合以往习惯做法，是否考虑了可变对价、合同中存在的重大融资成分、非现金对价、应付客户对价等因素的影响；审查销售成本的结转是否遵循了配比原则。企业为履行合同发生的成本，当同时满足以下条件时，即该成本与一份当前或预期取得的合同直接相关，该成本增加了企业未来用于履行履约义务的资源，该成本预期能够收回，应当作为合同履约成本确认为一项资产，并采取与该资产相关的商品收入确认相同的基础进行摊销，计入当期损益。

④对于售后回购、售后租回、以旧换新销售，审计人员应特别注意审查其收入的确认、计算是否符合规定，关注是否存在附有回购协议或日后租回协议的销售，在收到客户款项时即计入营业收入，从而虚增收入和利润的问题。

(三)核查营业收入真实性和账务处理正确性

在审查企业营业收入时，应核查其收入的真实情况及账务处理过程。审计人员应抽取部分销售发票，追查销售合同、主营业务收入明细账、其他业务收入明细账，检查其记录、过账、加计是否正确一致，并与"应收账款""应收票据"及"银行存款"等账户核对是否相符。以一般制造类企业主营业务收入为例，审查的内容主要包括以下三方面。

1. 发票和销售合同的审查

发票和销售合同是审查主营业务收入的主要原始依据，但因其数量大，只宜抽查。审查发票时应注意：审查发票的真伪、发票簿的连续编号是否完整无缺；发票是否按规定顺序使用、填制，有无刮、改、涂、擦；作废发票是否加盖"作废"章并全联保存，是否与销售合同相符。抽查部分发票存根，审查其购货单位、商品名称、销售单价、数量、金额与销售合同的一致性。抽取部分发票存根与发货记录相核对，检查仓库发出商品的品名、规格、数量、购货单位等与发票的相符性。应注意售给关联方或关系密切客户的产品计价是否合理，有无以高价或低价结算转移利润的问题。重点审查分期收款销售、以旧换新、委托代销、售后回购、出口销售合同及其履行情况。

2. 主营业务收入记账正确性的审查

实施审查时可采用时间抽样，即选取审计期内某几个时间段，对全部产品的营业收入账表进行检查。对营业收入账目进行检查时，可按结算方式的不同选用不同的方法与相关账户进行对比、核查。如以现金或支票结算方式销售产品时，可将销售发票存根与"主营业务收入明细账""现金日记账""银行存款日记账"进行核对；以分期收款方式销售产品时，先核查是否按期转入"主营业务收入明细账"，然后按银行对账单收款项目检查已收货款是否转入"银行存款日记账"；以商业汇票结算方式销售产品时，根据"银行对账单"(银行收款通知单)及结算凭证与"主营业务收入明细账"和"应收票据""应收账款"等账簿进行核对。审查中还应核对"业务收支明细表"中"主营业务收入"栏金额与"主营业务收入明细账"贷方发生额中各种产品的金额及总额是否相符。

由于主营业务收入发生数取决于销售数量和销售单价两个因素，应进一步审查销售数量与发货数量的一致性，查明有无退货。审查销售单价是否符合有关规定。取得产品价格目录，抽查销售价格是否符合价格政策，并且注意售给关联单位的产品价格是否合理，有无高价或低价结算以转移利润的问题，同时，还要注意有无下列问题：

(1) 只计算主产品的营业收入，不计算联产品、副产品的营业收入。

(2) 只计算合格产品的营业收入，不计算残次品的营业收入。

（3）只计算基准价部分收入，不计算附加价部分收入。

（4）将营业收入列入往来账户长期挂账，不通过"主营业务收入"账户核算。

（5）违背配比原则，只记收入、不转成本，或少记、不记收入，只转成本。

3. 核实主营业务收入交易的截止期

截止期核实在收入、存货、对外投资、期间费用、货币资金等审查中被广泛应用，尤其在核实营业收入审查中更为重要。

（四）审查销售退回、可变对价

销售退回、可变对价在企业的商品销售业务中是经常遇到的，而且往往被用作调节营业收入和利润水平的手段。许多案例中，企业在第四季度记录大量销售，但年度结束后，又面临大量销售退回。如果企业把退回的商品作为新商品销售，表明存在舞弊可能。因此，在进行营业收入审计时，审计人员应当对此给予必要的关注。

1. 销售退回的审查

（1）审查销售退回的真实合理性

如果在市场需求变化或价格波动的情况下，购货单位购入产品后因产品滞销或价格下跌，为转嫁损失而要求退货是不合理的。审计人员在审查中，应对销售退回的原因及批准手续进行检查分析，特别是注意查明有无内外勾结、营私舞弊，从而给企业带来经济损失的问题存在。审计人员还可结合存货项目审计检查销售退回的真实性。

（2）审查销售退回账务处理的正确性

当销售合同附有销售退回条款时，审查企业是否遵循可变对价的处理原则来确认其预期有权收取对价的金额，评估企业对退货部分的估计是否合理，确定其是否按估计不会退货部分确认收入。审查企业对可变对价的估计方法是否恰当，例如，是否在整个合同期间一致地采用同一种方法进行估计。审查企业是否在客户取得相关商品控制权时，按照因向客户转让商品而预期有权收取的对价金额（不包含预期因销售退回将退还的金额）贷记"主营业务收入"科目，按照已收或应收合同价款，借记"银行存款""应收账款""应收票据"等科目，按照预期因销售退回将退还的金额，贷记"预计负债——应付退货款"等科目；结转相关成本时，按照预期将退回商品转让时的账面价值，扣除收回该商品预计发生的成本(包括退回商品的价值减损)后的余额，借记"应收退货成本"，按照已转让商品转让时的账面价值，贷记"库存商品"等科目，按其差额，借记"主营业务成本"科目。审查企业是否在每一资产负债表日，重新评估未来销售退回情况，并对上述资产负债情况进行重新计量，如有变化，是否作为会计估计变更进行会计处理。审查企业对销售退回率的估计是否合理；销售退回率不能合理估计的，是否在退货期满后根据实际退货情况确定收入金额；实际发生销售退回时的账务处理是否正确。

当发生销售退回时，应重点审查销售退回的真实性，检查相关手续是否符合规定，尤其应当注意审查期末及下期期初发生的销售退回业务的真实性。有的企业为追求本期销售计划的完成，往往采用期末虚构销售，开出"空头发票"，下期期初以销售退回的手法弄虚作假。审计人员应结合应收账款函证程序，检查是否存在未经认可的大额销售，同时结合存货项目审计，检查销售退回的产品是否验收入库并登记入账，以查明销售退回的真实性。

2. 可变对价的审查

审计人员针对可变对价实施的审查可能包括：

(1)获取可变对价明细表，并与相关合同条款进行核对，检查合同中是否确实存在可变对价。

(2)检查被审计单位对可变对价的估计是否恰当，例如，是否在整个合同期间一致地采用同一种方法进行估计。

(3)检查计入交易价格的可变对价金额是否满足限制条件。

(4)检查资产负债表日被审计单位是否重新估计了应计入交易价格的可变对价金额。

(五) 确定营业收入在财务报表中列报与披露的正确性

审计人员不仅应检查营业收入的真实性、账务处理的正确性，还需要检查有无将主营业务收入与其他业务收入不做划分、划分不合理及混同列报与披露的情况。

除了上述较为常规的审计程序外，如果审计人员认为被审计单位存在通过虚假销售做高利润的舞弊风险，可以采取一些非常规的审计程序应对风险，如调查被审计单位客户的工商登记资料和其他信息，了解客户是否真实存在，其业务范围是否支持其采购行为；检查与已收款交易相关的收款记录及原始凭证，检查付款方是否为销售交易对应的客户。对于与关联方发生的销售交易，审计人员要结合对关联方关系和交易的风险评估结果实施特定的审计程序。

第二节　营业外收入审计

一、营业外收入

营业外收入是指与企业日常营业活动没有直接关系的各项利得，是企业财务成果的组成部分。例如，没收包装物押金收入、收回调入职工欠款、罚款净收入等。营业外收入在"利润"或"利润或亏损"账户核算。在企业的"利润表"中，营业外收入需单独列示。属于企业营业外收入的款项应及时入账，不准留作"小家当"或其他不符合制度规定的开支。企业营业外收入的核算在"营业外收入"账户下进行，也可在该账户下按各种不同的收入设置明细账户进行明细核算。

二、营业外收入审计的定义

营业外收入是指企业在日常活动中形成的、会导致所有者权益增加的、与所有者投入资本无关的经济利益的净流入。审计营业外收入，主要是为了确保企业正确记录和核算该项收入，并确保其在会计报表上的恰当披露。

三、营业外收入审计的目标

营业外收入审计的目标主要包括如下内容。

(一) 确定营业外收入的记录是否完整

审计人员需要检查企业的会计记录，确保所有应当记录的营业外收入都得到了正确的记录和核算。这包括但不限于政府补贴、非营业收入、罚款和违约金等。

(二) 确定营业外收入的计算是否正确

审计人员需要核实企业对于营业外收入的计算方法是否正确，是否按照会计准则的要求进行核算。同时，也需要对企业的财务报表进行复核，确保其正确反映了企业的真实财务状况。

(三) 确定营业外收入在会计报表上的披露是否恰当

审计人员需要检查企业的财务报表，确保营业外收入在报表上的披露是恰当的，没有夸大或缩小其真实金额，同时也要确保其披露的位置和形式符合会计准则的要求。

综上所述，营业外收入审计是一个重要的过程，它可以帮助企业确保其会计记录的准确性和完整性，也能够帮助企业更好地理解其真实的财务状况。通过这个过程，企业可以更好地了解自己的业务表现和财务状况，从而做出更明智的决策。

四、营业外收入审计的主要内容

营业外收入审计的主要内容包括下列几点：

(1) 审查被审企业的营业外收入项目是否符合有关财经法纪的规定，是否与正常营业收入和专项资金收入相混淆。

(2) 审查被审企业营业外的收入数额有无违法所得，是否有非法牟取的利润。

(3) 审查被审企业营业外收入的会计处理业务有无差错，有无违法项目。

(4) 审查被审企业的营业外收入的所有凭证和票据是否完备并合乎正当手续。

五、营业外收入的审计重点

由于营业外收入的项目不多，因此，对其审计的重点也就比较突出。主要包括以下几方面。

（1）审查营业外收入内部控制制度建立、健全和执行情况。

（2）审查公司营业外收入核算的项目是否符合会计制度、财务制度规定。

（3）审查营业外收入入账的合规性、完整性，有无多记、少记和未及时记账的问题。

（4）审查公司有无将营业收入项目记入"营业外收入"，导致漏交增值税、营业税和附加税的情况。

（5）审查有无期末未将营业外收入全部结转到本年利润而留有余额，导致漏缴所得税。

六、营业外收入的审计程序

（1）获取或编制营业外收入明细表，并与明细账和总账核对相符。在这一步，审计人员需要获取营业外收入的明细表，并与相应的明细账和总账核对，以确保所有记录都准确无误。核对的过程将检查数据的完整性和一致性，确保没有遗漏或错误。

（2）抽查大额营业外收入，检查原始凭证是否齐全，有无授权批准，会计处理是否正确。审计人员将对大额的营业外收入进行抽查，以验证其原始凭证是否齐全，是否经过授权批准，以及会计处理是否正确。这包括检查相关的合同、发票、收据等原始凭证，以及相关的审批手续和记录。

（3）验明营业外收入是否已在损益表上恰当披露。审计人员需要验证营业外收入是否已在损益表上恰当披露，包括其金额、分类和披露方式是否符合会计准则和规定。审计人员将检查损益表上的披露是否清晰、准确，并与相关的记录和信息相一致。

（4）检查营业外收入的确认和计量方法是否符合会计准则规定。审计人员需要检查营业外收入的确认和计量方法是否符合会计准则规定，确保记录的准确性。这包括检查是否有适当的会计政策，以及是否按照这些政策进行记录。

（5）结合其他审计程序，检查营业外收入是否真实存在。审计人员需要结合其他审计程序，如对相关人员的访谈、对现场的检查等，来验证营业外收入的真实性。通过这些程序，审计人员可以确认记录的营业外收入是否真实存在及其来源和性质是否符合规定。

（6）发现异常或可疑交易时进行详细审计。在审计过程中，如果发现任何异常或可疑交易，审计人员需要进行详细审计，以确认这些交易的合法性和真实性。这可能包括对相关人员进行更深入的访谈，或者对相关记录进行更详细的检查。

以上就是营业外收入审计的主要程序。通过这些程序，审计人员可以确保营业外收入的记录和披露是准确、合法和真实的。

七、营业外收入的审计方法

反映营业外收入的经济业务及其核算的资料，一是营业外收入管理和核算的各项制度和岗位责任；二是营业外收入总账及明细账，固定资产盘盈报告单，"待处理财产损溢——待处理固定资产损溢"账户，"固定资产清理"账户，"银行存款"、"现金"账户，"应付账款"、"其他应付款"账户，及其记账凭证、罚款原始凭证等。在审计中，主要运用审阅法、核对法对上述资料进行审核审查，从中发现问题。

（1）营业外收入管理和核算内部控制制度的建立、健全和执行情况审计的方法与主营业务收入审计方法相同。

（2）采用审阅法审查"营业外收入"明细账，了解企业按照制度规定项目设置明细科目情况。

（3）采用审阅法审查"待处理财产损溢——待处理固定资产损溢"和"营业外收入——待处理固定资产损溢"明细科目，查明公司是否足额、及时地将固定资产盘盈转入营业外收入情况，有无人为以此调节利润。

（4）采用审阅法审查"固定资产清理"和"营业外收入——处理固定资产收益"账户，查明公司是否足额、及时地将固定资产清理账户贷方余额转入营业外收入情况，有无人为以此调节利润。

（5）采用审阅法审查罚款原始凭证，"银行存款"、"现金"及"营业外收入——罚款净收入"等资料和账户。查明公司有无将罚没收入记入营业外收入情况。

（6）采用审阅法审查"应付账款""其他应付款""营业外收入"等明细账，查明公司有无将经批准的无法支付的应付款项记入营业外收入情况。

（7）采用审阅法审查"营业外收入"各明细账户期末结转情况。查明公司有无未转或多转少转当期利润问题。

第三节　投资效益的审计

一、投资效益审计的定义

投资效益审计是国家审计机关从宏观经济和微观经济角度对投入的基本建设投资经过投资活动取得的有用效果进行审核、检查和评价的工作。

二、投资效益审计的标准

投资效益审计的具体标准如下：

（1）能否以最低的消耗、最少的投资、最好的质量和最快的速度形成最大的综合生产能力。

（2）能否提高社会劳动生产率、提高产品质量、增加新品种、提高资金报偿率、增加社会积累、加快投资回收。

（3）能否为整个国民经济和国防提供最大的效用。

（4）能否促进国家的战略目标、方针、政策的实现和实施，以及保证基本建设计划的完成。根据上述标准和对投资效益的要求，审查时不仅要从一个建设项目、一个单项工程的效果进行单项审查，也要从一个部门、一个行业、一个地区及全国整个基本建设战线的效果进行审查，还应该运用投资效益指标体系，从微观经济与宏观经济的角度对投资效益进行审核、检查和评价。在微观投资效益方面，根据建设工期、单位生产能力投资、达到设计能力的年限、投资回收年限、新增固定资产产值率等主要指标进行全面的审查。在宏观投资效益方面，根据建设周期、固定资产交付使用率及建设项目投产率、生产能力建成率、房屋建筑面积竣工率、未完工程占用率、每亿元投资新增主要生产能力、投资效果系数等主要指标，结合国家规定的考核投资效果的技术经济指标进行全面的审查。

三、投资效益审计的要点

投资效益审计的要点包括以下内容。

（1）投资效益包括收入和损失两个方面。企业对外投资是有风险的，可能有收入，也可能有损失。在进行多项投资活动时，可能有些投资活动会带来收入，而有些可能产生损失。审计时要查明，无论收入或损失，是否将所有的投资活动的结果都纳入了"投资效益"科目。

（2）投资效益是否及时入账。投资效益的确认应根据不同类型的投资按相关的准则规定进行，审计时应认真区分不同情况，查明投资效益入账时间是否及时。

例如：长期股权投资采用成本法核算的，应按被投资单位宣告发放的现金股利或利润中属于本企业的部分，确认为效益；采用权益法核算的，资产负债表日，应根据被投资单位实现的净利润或经调整的净利润计算应确认的效益。

（3）投资效益数额的计算是否真实、正确，与投资效益收入确认的时间相联系，就是确认投资效益的具体数额，因形成投资效益的情形不同，具体金额的确认亦不尽一致。审计时应根据具体情况加以核实，查明有无隐瞒或弄虚作假等情况。

（4）投资效益的账务处理是否正确。首先要核实投资效益是否按照准则的规定，按照投资项目设置明细账，按明细进行核算；其次审查取得投资效益的账务处理是否符合有关规定；最后查看期末是否如数结转"本年利润"，结转后不留余额。

四、投资效益审计的目标

投资效益的审计目标一般包括：确定利润表中记录的投资效益是否已发生，且与被审计单位有关；所有应当记录的投资效益是否均已记录；确定与投资效益有关的金额及其他数据已恰当记录；确定投资效益已记录于正确的会计期间；确定投资效益已记录于恰当的账户；确定投资效益已按照企业会计准则的规定在财务报表中做出恰当列报。

五、投资效益审计的内容

投资效益审计的内容应包括如下四点。

(一)审查建设项目立项决策的正确性

以前审计发现,有些项目可行性研究论证不充分,地质勘探不详,存在应付、走过场现象,可行性研究报告审批不负责任、决策草率、长官意志严重,直接导致项目布局不合理,或者污染严重、破坏环境、经济效益低下、损失浪费惊人。因此,投资效益审计必须首先对建设项目立项决策进行审计,内容包括审查勘探设计单位的资质、拟建规模是否科学合理、项目选址是否满足城市规划和环境保护的要求、项目论证是否切实可行等。

(二)审查建设项目概算

建设项目概算是在可行性研究报告批准的投资估算框架内,编制项目从筹建至竣工所需费用的重要文件,是控制和确定工程造价的依据。审查概算包括审查概算的编制和执行两个方面,其主要内容一般包括如下四点。

(1)审查建筑安装工程费用。

(2)审查设备费用。

(3)审查工程包括土地、青苗补偿费、拆迁安置补助费、建设单位管理费、勘测设计费、办公及生活家具购置费、研究试验费、生产职工培训费、联合试运转费、建设期贷款利息等费用在内的其他费用。

(4)审查概算的执行情况。

(三)审查建设资金使用的合规性和有效性

建设资金的运用贯穿建设项目从筹建至竣工的全过程,管好、用好建设资金对于提高投资效益具有十分重要的作用。因此,对建设资金使用的审计应以资金流程为主线,从项目立项至竣工诸环节资金的管理使用方面入手,其主要内容一般包括:

(1)审查建设资金是否符合专款专用的原则,有无挪用资金的问题。

(2)审查各种债权是否真实合规,有无不合理的资金占用问题。

(3)审查建设支出是否真实,有无虚列支出后转移资金的问题。

(4)审查工程结算是否合规,有无多计多付工程款的问题。

(5)审查工程专家咨询费、业务活动费、广告费、赞助费等是否真实合

规，有无商业贿赂问题。

（6）审查内部收款收据存根是否列入了财务账，有无基建收入等各种收入不入账、形成账外资金的问题。

(四) 审查建设工期和达到设计能力的合理性

建设项目的工期分为设计合理工期和实际工期，达到设计生产能力的年限也分为设计年限和实际年限。在保证建设质量的前期下，实际工期越短，则投资效益越高。同样，在保证产品质量的前期下，实际达到生产能力的年限越短，则投资效益越高。因此，对已竣工的建设项目应审查以下四个方面的内容。

（1）通过设计工期与实际工期和设计达产年限与实际达产年限的对比分析，评价建设速度和建设质量对投资效益的影响程度。

（2）通过设计概算与实际完成投资额、建设成本与单位生产能力投资的对比分析，评价工程造价的高低。

（3）通过可研与实际的投资回收期、财务净现值、内部收益率等经济指标的对比分析，评价项目建成投产后的获利能力大小。

（4）通过现金流量分析，评价项目偿债还款能力。

第十二章　成本类账户的审计

第一节　生产成本的审计

一、生产成本审计的定义

生产成本审计是指审计人员对企业生产费用核算和成本计算的真实性、合法性和正确性所进行的审计，主要包括直接材料成本审计、直接人工成本审计和制造费用审计。直接材料成本审计一般应从审阅材料和生产成本明细账入手，抽查有关的费用凭证，验证企业产品直接耗用材料的数量、计价和材料费用分配是否真实、合理。直接人工成本审计主要检查其核算内容和范围的合规性、计算与分配的正确性及会计处理的正确性。制造费用审计主要检查其核算内容及范围的正确性、分配的合理性及会计处理的正确性。

二、生产成本审计的特点

生产成本审计与资产、负债、所有者权益的审计比较，具有许多不同的特点。其主要的特点如下。

(一) 生产成本审计一般应实行受托审计

在市场经济条件下，企业的商业秘密是受国家法律法规保护的，而生产成本正好涉及企业生产经营中的秘密，不属于外部审计必审的范围。《中华人民共和国审计法》第二十条规定："审计机关对国有企业的资产、负债、损益进行审计监督。"可见，审计法并未规定生产成本是必审项目，国家审计和社会审计也不能主动进行此项审计。但如果企业管理当局需要对生产成本进行审计，则可以委托社会审计或国家审计进行审计。审计过程应注意保密，不能对外泄露。

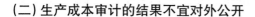

(二) 生产成本审计的结果不宜对外公开

财务审计结束后要报送审计报告 (或查账报告)，并按规定向所有者和有关部门公开，但生产成本审计的结果不宜对外公开，因为，生产成本审计涉及企业的商业秘密，而且我国的《企业会计准则》和《企业财务通则》已明确规定，企业对外报送的报表中不包括生产成本报表。

(三) 生产成本审计的难度较大

生产成本审计，既要审查直接材料、直接工资，又要审查间接费用；既要审查生产费用在各种产品之间的分配，也要审查在完工产品和在产品之间的分配；既要审查生产成本的真实正确，又要审查其是否节约、合理。总之，生产成本涉及面宽、综合性强，审计的难度较大。

三、生产成本审计的意义

开展生产成本审计，可以维护财经法规和财经纪律；促使企业提高成本管理水平，健全成本核算制度；促使企业挖掘内部潜力，节约劳动消耗，不断降低产品成本，提高经济效益。

(1) 确定生产成本的内容构成是否合规、记录是否完整。

(2) 确定生产成本的计算方法是否合理、相关计算是否正确。

(3) 确定生产成本在会计报表中的披露是否充分恰当。

四、生产成本审计的内容

(一) 直接材料成本的审计

直接材料成本的审计一般应从审阅生产成本明细账入手，抽查费用凭证，验证企业产品直接耗用材料的数量、计价和材料费用分配是否真实、合理。其主要内容包括：

(1) 抽查产品成本计算单，检查直接材料成本的计算是否正确，材料费用的分配标准与计算方法是否合理和适当，是否与材料费用分配汇总表中该产品分摊的直接材料费用相符。

（2）检查直接材料耗用数量的真实性，有无将非生产用材料计入直接材料费用。

（3）分析比较同一产品前后各年度的直接材料成本，如有重大波动应查明原因。

（4）抽查材料发出或领用的原始凭证，检查是否经过授权，材料发出汇总表是否经过适当的人员复核，材料单位成本计价方法是否适当，是否正确并及时入账。

（5）对采用定额成本或标准成本的企业，应检查直接材料成本差异的计算、分配与会计处理是否正确，并查明直接材料的定额成本、标准成本在本年度内有无重大变更。

（二）直接人工成本的审计

（1）抽查产品成本计算单，检查直接人工成本的计算是否正确，人工费用的分配标准与计算方法是否合理和适当，是否与人工费用分配汇总表中该产品分摊的直接人工费用相符。

（2）将本年度直接人工与前期进行比较，查明其异常波动的原因。

（3）分析比较本年度各个月份的人工费用发生额，如有异常波动，应查明原因。

（4）结合应付工资审查人工费用的会计记录及会计处理是否正确。

（5）对采用标准成本法的企业，应抽查直接人工成本差异的计算、分配与会计处理是否正确，并查明直接人工的标准成本在本年度内有无重大变更。

（三）制造费用的审计

（1）获取或编制制造费用汇总表，并与明细账、总账核对相符，抽查制造费用中的重大数额项目及例外项目是否合理。

（2）审阅制造费用明细账，检查其核算内容及范围是否正确，并应注意是否存在异常会计事项，如有，则应追查至记账凭证及原始凭证，重点查明有无不应计入制造费用的支出（如投资支出、被没收的财物、罚款、违约金、技术开发支出等）。

（3）必要时，对制造费用实施截止测试，即检查资产负债表日前后若干天的制造费用明细账及其凭证，确定有无跨期入账的情况。

（4）检查制造费用的分配是否合理。重点查明制造费用的分配方法是否符合企业自身的生产技术条件，是否体现受益原则；分配方法一经确定，是否在相当时期内保持稳定，有无随意变更的情况；分配率和分配额的计算是否正确，有无以人为估计数代替分配数的情况。对按预定分配率分配费用的企业还应查明计划与实际差异是否及时调整。

（5）对于采用标准成本法的企业，应抽查标准制造费用的确定是否合理，计入成本计算单的数额是否正确，制造费用的计算、分配与会计处理是否正确，并查明标准制造费用在本年度内有无重大变动。

五、生产成本审计的工作流程

审计人员在对生产成本进行审计时，应遵循如下一般程序。

（1）评审生产成本内部控制的健全性和有效性。

（2）分析生产成本总体的真实性与正确性。

（3）审查生产成本核算的真实性、合法性和正确性。

（4）审查生产成本账务处理的合规性与正确性。

（5）验证生产成本在会计报表上表达的公允性。

第二节　制造费用的审计

一、制造费用概述

制造费用是指企业为生产产品和提供劳务而发生的各项间接费用，包括企业生产部门（如生产车间）发生的水电费、固定资产折旧、无形资产摊销、管理人员的职工薪酬、劳动保护费、国家规定的有关环保费用、季节性和修理期间的停工损失等。"制造费用"账户属于成本费用类账户，借方登记归集发生的制造费用，贷方反映制造费用的分配，月末无余额。

二、制造费用审计的定义

制造费用审计是指企业各个生产单位（分厂、车间）为组织和管理生产所发生的各项费用而进行的审计。制造费用包括产品生产成本中除直接材料和直接工资以外的其余一切生产成本，主要包括企业各个生产单位（车间、分厂）为组织和管理生产所发生的一切费用，以及各个生产单位所发生的固定资产使用费和维修费。具体有以下项目：各个生产单位管理人员的工资、职工福利费、房屋建筑费、劳动保护费、季节性生产和修理期间的停工损失等。

制造费用审计是一项检查企业实施制造流程时采取的有效控制手段和财务管理模式是否合规、制造流程是否合理的审计服务，可以帮助企业更有效地控制制造费用、降低制造费用，改善企业的制造绩效和市场竞争力，并可以帮助企业识别所取得制造费用与营销支出关系，从而改进营销投资回报率。

三、制造费用审计的目标

审计的目的是提供一项独特的服务，确保企业的制造成本是合理的，从而帮助企业控制成本。审核人员在审核中可以分析企业实施制造流程时采用的控制手段、财务管理模式是否合规及制造流程是否合理，分析其影响制造费用的各种因素及制造费用构成中的各项经济成本，最终对它们做出具体评估。

通过制造费用审计，企业可以更好地控制制造成本，从而降低制造费用，改善企业的制造绩效，增加企业的市场竞争力。此外，审计还可以检查企业的财务实施情况，发现审计中的空缺，并提出相应的改进建议，以提高企业的运营效率和财务管理水平。

此外，制造费用审计还可以帮助企业识别所取得制造费用与营销支出关系，并提出有效的营销投资回报率改进建议，确保企业制造成本的合理性、效率性和投资回报率。

四、制造费用审计的要点

制造费用审计的要点包括如下内容。

（1）审查制造费用所包括的具体费用项目是否合法、合规、真实和正确。制造费用包括哪些具体费用项目，直接关系到制造费用计算的口径。必须遵

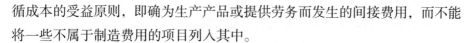

循成本的受益原则，即确为生产产品或提供劳务而发生的间接费用，而不能将一些不属于制造费用的项目列入其中。

（2）审查制造费用的发生额是否真实、正确。制造费用是由若干子项目构成的，从账务处理上，有些是直接计入，有些是由其他账户分摊计入，不论哪种计入方式，都要审查其对应关系，核查计入或转入费用数额的真实性和正确性。

（3）审查制造费用的分配是否合法、合规、真实和正确。制造费用是过渡性的费用归集和分配科目，不仅应审核其归集的数额是否合法、合规、真实和正确，对分配出去的数额亦应如此。一要看分配费用的对应账户（如生产成本——基本生产、生产成本——辅助生产等）是否正确；二要看分配费用标准的选择是否恰当；三要看分配的费用数额是否正确；四要看分配的方法是否与上期一致。

五、制造费用审计的程序

（一）了解被审计单位基本情况

了解被审计单位的基本情况，包括经营范围、组织机构、生产工艺流程、生产周期、生产车间和部门设置等，其目的是确定制造费用审计的重点和范围。

（二）审查费用是否真实、合法

审查制造费用是否真实，主要是指所发生的制造费用是否是企业生产经营活动的真实反映，有无存在虚列费用、虚增成本的情况。审查制造费用是否合法，主要检查各项费用的开支标准及计算方法是否符合国家有关财经法规和企业财务制度，有无违法乱纪行为。对于账务处理存在疑点的地方应深入调查，分析问题产生的原因。

（三）审查费用分配方法是否合理

审查制造费用的分配方法是否合理、正确，直接关系到成本核算的正确性。审计人员应对企业选用的分配标准进行逐一核对，判断其合理性，并要求企业说明各项费用的分配方法及其依据。对于不合理的分配方法要提出改进意见。

(四) 审查各项制造费用支出是否受控制

审查各项制造费用支出是否符合预算或计划，是否受一定的财务指标或其他因素的制约和影响，有无出现超支或节约的情况。对于超支或节约的情况应进一步审查其原因，分析其原因是否合理，是否受企业内部财务制度的制约。对于不合理超支应视具体情况做不同的处理。

(五) 对特殊事项进行审计

在制造费用审计过程中会存在一些特殊事项需要单独处理。如对于福利性质的待摊费用、递延费用的审查需要遵循相关的会计处理原则；对一些需要资本化的制造费用，如企业资产改良的支出等需要按相关资本化的处理原则进行逐项核对和分析。

(六) 编制审计差异调整表

在审计过程中难免会出现一些账务处理上的差异，需要编制审计差异调整表对差异进行调整。该表应详细列明差异产生的原因及金额调整的方向和数量。

(七) 形成审计意见书并提交审计结果

在制造费用审计程序结束后，形成审计意见书并提交审计结果。审计意见书应详细说明在审计中发现的制造费用问题及处理结果，并提出相应的改进意见和建议。

以上是制造费用审计的一般程序，不同的被审计单位情况会有所不同，因此在具体实施过程中需要根据实际情况进行调整和完善。

第十三章　审计工作底稿与审计报告

第一节　审计工作底稿

一、审计工作底稿概述

(一) 审计工作底稿的定义

审计工作底稿，是指注册会计师对制订的审计计划、实施的审计程序、获取的相关审计证据，以及得出的审计结论做出的记录。审计工作底稿是审计证据的载体，是注册会计师在审计过程中形成的审计工作记录和获取的资料。它形成于审计过程，也反映整个审计过程。

从一般意义上讲，审计档案的所有权应属于执行该项业务的注册会计师。但是，我国注册会计师不能独立于会计师事务所之外承揽审计业务，审计业务必须以会计师事务所的名义承接。因此，审计档案的所有权属于承接该项业务的会计师事务所。它是审计证据的载体，可作为审计过程和结果的书面证明，也是形成审计结论的依据。

(二) 编制审计工作底稿的目的

注册会计师应当及时编制审计工作底稿，以实现下列目的。

(1) 提供充分、适当的记录，作为审计报告的基础。审计工作底稿是注册会计师形成审计结论、发表审计意见的直接依据。及时编制审计工作底稿有助于提高审计工作的质量，便于在出具审计报告之前，对取得的审计证据和得出的审计结论进行有效复核和评价。

(2) 提供证据，证明其按照中国注册会计师审计准则的规定执行了审计工作。在会计师事务所因执业质量而涉及诉讼或有关监管机构进行执业质量检查时，审计工作底稿能够提供证据，证明会计师事务所是否按照审计准则的规定执行了审计工作。

二、审计工作底稿的内容

(一) 审计工作底稿通常包括的内容

(1) 总体审计策略；具体审计计划；重大事项概要。

(2) 分析表 (执行分析程序的记录)、问题备忘录 (对某一事项或问题的概要的汇总记录)、核对表 (为核对某些特定审计工作或程序的完成情况的表格)。

(3) 询证函回函、有关重大事项的往来信件 (包括电子邮件)、管理层书面声明、被审计单位文件记录的摘要或复印件。

(4) 业务约定书、管理建议书、项目组内部或项目组与被审计单位举行的会议记录、与其他人士 (如其他注册会计师、律师、专家等) 的沟通文件及错报汇总表等。

(5) 审计工作底稿不能代替被审计单位的会计记录。

(二) 审计工作底稿通常不包括的内容

(1) 已被取代的审计工作底稿的草稿或财务报表的草稿。

(2) 反映不全面或初步思考的记录。

(3) 存在印刷错误或其他错误而作废的文本。

(4) 重复的文件、记录等。

三、审计工作底稿的基本要素

一般来说，每张工作底稿必须同时包括以下基本内容：

(1) 被审计单位名称。

(2) 审计项目名称。

(3) 审计项目时间或期间。

(4) 审计过程记录。

(5) 审计结论。

(6) 审计标识及其说明。

（7）索引号及页次。

（8）编制者姓名及编制日期。

（9）复核者姓名及复核日期。

（10）其他应说明事项。

其中，审计过程记录主要记录以下事项：

（1）记录特定项目或事项的识别特征。

（2）重大事项。

（3）记录针对重大事项如何处理矛盾或不一致的情况。

（4）其他准则中的相关记录要求。

四、编制审计工作底稿的总体要求

注册会计师编制的审计工作底稿，应当使未曾接触该项审计工作的有经验的专业人士清楚地了解：①按照审计准则的规定实施的审计程序的性质、时间和范围；②实施审计程序的结果和获取的审计证据；③就重大事项得出的结论。

由于审计工作底稿不仅是形成审计结论的依据，而且是评价注册会计师业绩、控制和监督审计质量的基础，因此，对于审计工作底稿的编制不能认为只是工作底稿，就可以马马虎虎、草率从事，而必须认真对待，在内容上做到资料翔实、重点突出、繁简得当、结论明确；在形式上做到要素齐全、格式规范、标识一致、记录清晰。

五、审计工作底稿的作用

注册会计师在审计过程中之所以需要编制审计工作底稿是因为如下原因。

（一）审计工作底稿是形成审计结论、发表审计意见的直接依据

注册会计师的审计结论和审计意见是审计过程中一系列专业判断的结果，这些专业判断的客观依据是审计证据。注册会计师所搜集到的审计证据与形成的专业判断都完整记录在审计工作底稿中，因此，审计工作底稿是形成审计结论、发表审计意见的直接依据。

实际工作中，有人认为审计证据是审计意见的客观依据，审计工作的全部内容仅仅就是搜集评价审计证据，有没有审计工作底稿并不重要。这种观点不正确。审计工作底稿是审计证据的载体，审计证据是审计工作底稿的主要内容，两者是形式与内容的关系。任何内容都离不开形式的表达。离开了审计工作底稿，审计证据就无法清晰地呈现在注册会计师面前；注册会计师就无法对审计证据进行分析评价，做出专业判断，从而无法形成正确的审计意见。总之，正确的审计意见应当建立在充分适当的审计证据和准确的专业判断基础之上，而充分适当的审计证据和专业判断都应当完整地记录在审计工作底稿中。

在充分认识审计工作底稿重要性的情况下，我们也不能忽视审计证据的搜集和评价。实际工作中也有人不去全面地搜集审计证据，而是在审计工作底稿上大做文章。编制这种审计工作底稿，不能算是审计证据，实际上是无用劳动。

（二）审计工作底稿是评价考核注册会计师专业能力和工作业绩，并明确其审计责任的主要依据

依据执业准则实施必要的审计程序，发表客观公正的审计意见是注册会计师的审计责任。注册会计师在审计过程中是否执行了执业准则，选择的审计是否恰当、合理，所做出的专业判断是否准确等都直接反映在审计工作底稿中。因此，要考核一个注册会计师的工作能力，可以通过审阅其审计工作底稿来判断。一旦对某项审计项目有异议，可通过审核其审计工作底稿来明确注册会计师的责任。一般来说，只要在审计工作底稿上显示出注册会计师是按照执业准则，采用了合理的审计程序，搜集了充分、适当的审计证据，认真进行了专业判断，即使有差错也可以减轻注册会计师的责任。

实际工作中，有的注册会计师虽然认真地实施了审计程序，但工作底稿上没有做相应的记录，当出现争议时，检查注册会计师审计程序执行没有、执行到什么程度就无法反映，由此承担了全部审计责任，这是注册会计师应该引以为戒的。

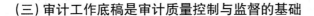

（三）审计工作底稿是审计质量控制与监督的基础

审计质量是注册会计师审计工作质量和审计报告质量的总称，而审计报告质量又依赖于审计工作质量，因此，严格控制审计工作质量是保证审计质量的关键。

审计工作质量很大程度上体现在审计工作底稿上，要控制审计工作质量，必须对审计工作底稿的编制和复核规定一整套严格的程序。审计工作底稿编制指南对审计工作底稿规定了基本内容的编制要求，每个注册会计师都应按规定执行。对于应该完成的审计程序，不能任意省略。对于审计结果，要有明确结论。实际工作中有这种情况：看起来厚厚一本工作底稿，打开来检查，注册会计师只填写了少数内容，这样的审计工作底稿是不合格的。为了防止出现这种情况，审计工作底稿要有严格的复核制度，不同层次层层把关，发现有不符合要求的工作底稿，要退回去补做或重做，直到符合要求为止。只有这样，才能保证应该实施的审计程序没有遗漏，已实施的审计程序足够说明问题，所做的专业判断是合适的，才能使审计质量的控制和监督落到实处。

（四）审计工作底稿对未来审计业务具有参考备查作用

审计工作底稿对未来审计业务的参考作用，主要是对财务报表审计而言。由于对一个企业、单位的财务报表审计是每年连续进行的，一个年度的审计工作底稿可以作为下一年度审计的参考。一般来说，当年度财务报表审计开始时，首先要仔细阅读上一年度的审计工作底稿，了解该企业、单位内部控制的薄弱环节在哪里，要求企业调整的会计事项有哪些，重点审计的内容是什么，有哪些或有负债，审计报告是哪种类型等，作为本年度审计计划的参考。

由于审计工作底稿在审计工作中的重要作用，每一个注册会计师必须重视审计工作底稿的编制，认真填写审计工作底稿。

（五）审计工作底稿是连接全部审计工作的纽带

审计工作经常由多个注册会计师进行，他们之间存在不同的分工协作。

审计工作在不同阶段有不同的测试程序和实现目标。审计工作底稿可以把不同人员的审计结果、不同阶段的审计结果有机地联系起来，使各项工作都围绕对会计报表发表意见这一总体目标来进行。

(六) 审计工作底稿是形成审计结论、发表审计意见的依据

审计工作底稿是审计证据的载体，它不但记录了审计证据本身反映的内容，而且记载了注册会计师对审计证据的评价分析情况以及得出的审计结论。这些审计证据和注册会计师的专业判断是形成审计结论、发表审计意见的直接依据。

(七) 审计工作底稿是评价审计责任、专业胜任能力和工作业绩的依据

评价审计责任通常是评价注册会计师对审计报告所负的真实性和合法性责任。如果注册会计师严格依据独立审计准则进行审计，据实发表意见，并把这些情况记录于审计工作底稿上，那么在任何时候依据审计工作底稿进行评价都有利于解脱或减除审计责任。注册会计师专业能力的强弱、工作业绩的好坏表现在选择何种程序、有无科学的计划、专业判断是否恰当等方面。这些因素可以通过评价审计工作底稿来体现和衡量。

(八) 审计工作底稿为审计质量控制与质量检查提供了基础依据

开展审计质量控制通常是由会计师事务所为确保审计质量符合独立审计准则的要求而制定和运用的控制政策和程序，主要包括指导和监督注册会计师选择实施审计程序，编制审计工作底稿，并对审计工作底稿进行复核。换言之，审计工作底稿既可以作为审计质量控制的对象，又可以作为审计质量控制的依据。审计质量检查通常由注册会计师协会或其他有关单位组织进行，其核心工作就是对审计工作底稿规范程度的检查。因此，离开审计工作底稿，审计质量检查就会成为无本之木、无源之水。

(九) 审计工作底稿具有参考价值

由于审计工作有很密切的联系性和连续性，前一年度的审计情况经常可以作为后一个年度开展审计业务的参考、借鉴。另外，前任注册会计师审

计业务也可以作为后任注册会计师开展审计业务的参考、备查。这些参考、借鉴和备查作用往往是通过调阅审计工作底稿而得以实现的。因此，审计准则不仅要求注册会计师要认真编制和复核审计工作底稿，也要求注册会计师必须妥善保管审计工作底稿，建立与保管有关的保密、调阅等管理制度。

六、审计工作底稿形成过程

(一) 审计工作底稿形成于审计工作全过程

从承接审计业务开始，历经计划阶段、实施阶段、完成阶段，到完成全部约定事项签发审计报告为止，任何一个过程中都会形成一系列的审计工作底稿。具体包括：在审计计划阶段获得有关被审计单位基本状况的资料、营业执照、政府批文、合同章程和协议、董事会会议纪要等，由注册会计师自行获得编制的调查表、审计风险与重要性评价初步评估资料、审计计划、审计程序表、分析性测试表，以及由双方共同签订的审计业务约定书等等；在审计实施阶段针对内控制度进行符合性测试的程序和结果资料，针对交易和金额进行实质性测试的询证函、项目明细表、实物资产盘点表或调节表、分析性测试表、项目差异调整表、调整分录汇总表、试算平衡表、重分类分录汇总表、项目审定表等等；在完成审计工作阶段形成或获取的期后事项审核表、管理当局声明书、律师声明书、审计报告、已审会计报表等等。

(二) 审计工作底稿的形成渠道有两种

审计工作底稿可以由注册会计师根据有关资料进行计算、判断以后编制，也可以由被审计单位或其他第三者提供并经过注册会计师亲自审核后直接形成。

(三) 审计工作底稿的记录内容应全面反映审计工作过程

这与上述第一个问题是相互映衬的。注册会计师应在不同审计阶段形成审计工作底稿，那么这些底稿如果予以系列化，就应该能反映出审计思路和审计轨迹，使人们通过审计工作底稿能够看到审计工作经历哪些环节，某个环节上注册会计师从哪些方面进行测试，被测试事项的实际面貌如何，注册会计师如何发表意见，等等。

七、审计工作底稿分类

审计工作底稿一般分为综合类工作底稿、业务类工作底稿和备查类工作底稿。

(一) 综合类

综合类工作底稿是指注册会计师在审计计划阶段和审计报告阶段，为规划、控制和总结整个审计工作并发表审计意见所形成的审计工作底稿。它主要包括：审计业务约定书、审计计划、审计总结、未审会计报表、试算平衡表、审计差异调整汇总表、审计报告、管理建议书、被审计单位管理当局声明书及注册会计师对整个审计工作进行组织管理的所有记录和资料。

(二) 业务类

业务类工作底稿是指注册会计师在审计实施阶段为执行具体审计程序所形成的审计工作底稿。它包括：符合性测试中形成的内部控制问题调查表和流程图、实质性测试中形成的项目明细表、资产盘点表或调节表、询证函、分析性测试表、计价测试记录、截止测试记录等等。

(三) 备查类

备查类工作底稿是指注册会计师在审计过程中形成的、对审计工作仅具有备查作用的审计工作底稿。主要包括：被审计单位的设立批准证书、营业执照、合营合同、协议、章程、组织机构及管理人员结构图、董事会会议纪要、重要经济合同、相关内部控制制度、验资报告的复印件或摘录。备查类审计工作底稿随被审计单位有关情况的变化而不断更新，应详细列明目录清单，并将更新的文件资料随时归档。注册会计师在将上述资料归为备查类工作底稿的同时，还应根据需要，将其中与具体审计项目有关的内容复印、摘录、综合后归入业务类审计工作底稿的具体审计项目之后。通常，备查类审计工作底稿是由被审计单位或第三者根据实际情况提供或代为编制，因此，注册会计师应认真审核，并对所取得的有关文件、资料标明其具体来源。

八、审计工作底稿编制要求

审计工作底稿作为注册会计师在整个审计过程中形成的审计工作记录资料，在编制上应满足以下两个方面的要求：其一，在内容上应做到资料翔实、重点突出、繁简得当、结论明确；其二，在形式上应做到要素齐全、格式规范、标识一致、记录清晰。具体地讲包括以下内容。

（1）资料翔实。即记录在审计工作底稿上的各类资料来源要真实可靠、内容完整。

（2）重点突出。即审计工作底稿应力求反映对审计结论有重大影响的内容。

（3）繁简得当。即审计工作底稿应当根据记录内容的不同，对重要内容详细记录，对一般内容简单记录。

（4）结论明确。即按审计程序对审计项目实施审计后，注册会计师应在审计工作底稿中对该审计项目明确表达其最终的专业判断意见。

（5）要素齐全。即构成审计工作底稿的基本内容应全部包括在内。

（6）格式规范。即审计工作底稿所采用的格式应规范、简洁。虽然审计准则未对审计工作底稿格式做出规范设计，但有关审计工作底稿的执业规范指南给出了参考格式。

（7）标识一致。即审计符号的含义应前后一致，并明确反映在审计工作底稿上。

（8）记录清晰。即审计工作底稿上记录的内容要连贯、文字要端正、计算要准确。

大多数的备查类审计工作底稿都是由注册会计师向被审计单位或其他第三者直接索取的，或者由他们代为编制。对于这些工作底稿，注册会计师应做到：

（1）注明资料来源。

（2）实施必要的程序对有关资料进行复核，以确认审计工作底稿与原资料的一致性。

（3）形成相应的审计记录。注册会计师在审阅核对以后，应形成相应的文字记录并签名，方能形成审计工作底稿。

（4）注明审计工作底稿之间的勾稽关系。审计工作底稿之间的勾稽关系通过交叉索引及备注说明来加以反映。

九、审计工作底稿保管流程

（一）整理

对审计工作底稿的分类整理和汇集归档构成审计工作底稿整理工作的全部内容。审计档案是注册会计师在规划审计工作、实施审计程序、发表审计意见和签署审计报告过程中形成的记录，并综合整理分类后形成的档案资料。审计档案是会计师事务所的重要历史资料和宝贵财富，应妥善管理。审计档案分为永久性审计档案和当期审计档案两种。永久性审计档案是指那些记录内容相对稳定、具有长期使用价值，并对以后的审计工作具有重要影响和直接作用的审计档案，如备查类工作底稿和综合类审计工作底稿中的审计报告、管理意见书。当期审计档案是指那些记录内容经常变化、只供当期审计使用和下期审计参考的审计档案，如业务类工作底稿和综合类审计工作底稿的其他部分资料。

（二）保管

审计工作底稿按照一定的标准归入审计档案后，应交由会计师事务所档案管理部门进行管理。会计师事务所应建立审计档案保管制度，确保审计档案的安全、完整。对于永久性和定期审计档案的保管年限分别如下。

（1）永久性审计档案应长期保管。

（2）会计师事务所应当自审计报告日起，对审计工作底稿至少保存十年。如果注册会计师未能完成审计业务，会计师事务所应当自审计业务中止日起，对审计工作底稿至少保存十年。

（3）不再继续审计的被审计单位，其永久性审计档案的保管年限与最近一年当期档案的保管年限相同。对于保管期限届满的审计档案，会计师事务所可以决定将其销毁。销毁时，应根据有关档案管理规定履行必要的手续。

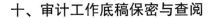

十、审计工作底稿保密与查阅

(一) 审计工作底稿的保密

为了维护被审计单位及相关单位的利益，会计师事务所对审计工作底稿中涉及的商业秘密保密，建立健全审计工作底稿保密制度，但由于下列两种情况需要查阅审计工作底稿的，不属于泄密情形。

(1) 法院、检察院及国家其他部门依法查阅，并按规定办理了必要手续。

(2) 注册会计师协会或其委派单位对会计师事务所执业情况进行检查。

(二) 审计工作底稿的查阅

由于审计工作的需要，并经过委托人同意，在下列情况下，不同会计师事务所的注册会计师可以要求查阅审计工作底稿。

(1) 被审计单位的后任会计师事务所。

(2) 审计合并会计报表，母公司的注册会计师可以查阅子公司的注册会计师的审计工作底稿。

(3) 联合审计时，注册会计师可以相互查阅审计工作底稿。

(4) 会计师事务所认为合理的其他情况。

从一般意义上讲，审计档案的所有权应属于执业注册会计师所在的会计师事务所。拥有审计工作底稿的会计师事务所在接受其他部门或单位依法查阅时，应给予协助，讲明查阅要求和限制，对于查阅人要求复印或外携审计工作底稿时，注册会计师应考虑审计工作底稿的内容、性质及影响。根据有关档案法的规定，由于查阅人知悉被审计单位商业秘密而泄密造成的损失和影响，拥有审计工作底稿所有权的会计师事务所无须承担连带责任。

十一、审计工作底稿复核

由于一张单独的审计工作底稿往往由一名注册会计师编制完成，难免存在资料引用、专业判断和计算分类方面的误差。因此，对已经编制完成的审计工作底稿必须安排有关专业人员进行复核，以保证审计意见的正确性和审计工作底稿的规范性。

(一) 审计工作底稿的复核制度

根据独立审计准则的要求，会计师事务所应该对审计工作底稿进行复核的人员级别、复核程序与要点、复核人职责做出明文规定，形成一项制度。通常，根据中国会计师事务所的组织规模和业务范围，可以实行对审计工作底稿的三级复核制度。审计工作底稿三级复核制度是指以主任会计师、部门经理 (或签字注册会计师) 和项目负责人 (或项目经理) 为复核人，依照规定的程序和要点对审计工作底稿进行逐级复核的制度。三级复核制度目前已成为较普遍采用的形式，对于提高审计工作质量、加强质量控制起了重要的作用。

三级复核制度的第一级复核称为详细复核，是指由项目经理 (或项目负责人) 负责的，对下属各类注册会计师编制或取得的审计工作底稿逐张进行复核。其目的在于按照准则的规范要求，发现并指出问题，及时加以修正完善。

三级复核制度的第二级复核称为一般复核，是指由部门经理 (或签字注册会计师) 负责的，在详细复核的基础上，对审计工作底稿中重要会计账项的审计程序实施情况、审计调整事项和审计结论进行复核。一般复核实质上是对项目经理负责的详细复核的再监督。其目的在于按照有关准则的要求对重要审计事项进行把关、监督。

三级复核制度的第三级复核也称重点复核，是由主任会计师或指定代理人负责的，在一般复核的基础上对审计过程中的重大会计问题、重大审计调整事项和重要的审计工作底稿进行复核。重点复核是对详细复核结果的二次监督，同时也是对一般复核的再监督。重点复核的目的在于使整个审计工作的计划、进度、实施、结论和质量全面达到审计准则的要求。通过重点复核后的审计工作底稿方可作为发表审计意见的基础，然后归类管理。

(二) 审计工作底稿复核的作用

建立审计工作底稿复核制度，明确复核内容与要求，实施三级复核，可以起到以下作用。

(1) 规范审计工作底稿。复核可以及时发现问题、纠正问题，使纳入审计档案管理的各种审计工作底稿从形式上到内容上均能符合审计准则的规范要求。

(2) 降低审计风险、提高审计质量。复核可以减少、消除人为的审计误差，使审计证据更加适当充分、审计程序更为科学完善、审计结论更加恰当准确，把整个审计工作控制在审计准则要求的范围中。

(3) 保证审计计划顺利执行，并能不断地协调审计进度，节约审计时间、提高审计效率。

(4) 按规范要求复核审计工作底稿，这实际也是进行审计质量控制的有效程序，因此，它为注册会计师进行审计质量监控和工作业绩考评提供依据和基础。

(三) 审计工作底稿复核内容

注册会计师及相关负责人对审计工作底稿进行复核的内容包括：
(1) 审计工作底稿形式上包括的要素是否齐全、规范。
(2) 审计工作底稿记录的事项所引用的资料是否翔实、可靠。
(3) 各种审计程序是否按计划实施并取得相应的证据。
(4) 各种审计证据是否充分适当。
(5) 审计判断是否有理有据。
(6) 审计结论是否恰当。

(四) 审计工作底稿复核的一般要求

对审计工作底稿的复核不仅关系到审计效率与效果，而且关系到审计质量及质量控制，是实施质量控制、降低审计风险的重要程序。因此，必须认真从事复核工作，制定明确的复核规则和要求。通常，复核时应注意以下要求：

(1) 记录存在问题的答复与处理。如果复核中发现有不正确或不完善的问题，复核人应指示有关人员 (主要是工作底稿的编制人) 予以答复和处理，并做出相应文字记录。

(2) 签署姓名和日期。每一级的复核人员完成复核工作后，应在审计工作底稿中规定的位置签署姓名和复核日期，以示分清复核责任，也便于上级复核人对下级复核人的监督。

(3) 签署复核意见。各级复核人员完成复核工作后应明确表示复核意见，并签署在审计工作底稿上。

(4) 督促编制人员及时修正存在问题，完善补充有关资料。

第二节　审计报告

一、审计报告的定义

审计报告是注册会计师在完成审计工作后向委托人提交的最终产品。注册会计师只有在实施审计工作的基础上才能形成报告。注册会计师通过对财务报表发表意见，从而履行业务约定的责任。

二、审计报告的用途

审计报告是注册会计师对财务报表合法性和公允性发表审计意见的书面文书，因此，注册会计师应当将已审计的财务报表附于审计报告之后，以便于财务报表使用者正确理解和使用审计报告，并防止被审计单位替换、更改已审计的财务报表。

财务审计报告是具有审计资格的会计师事务所的注册会计师出具的关于企业会计的基础工作即计量、记账、核算、会计档案等是否符合会计制度，企业的内控制度是否健全等事项的报告，是对财务收支、经营成果和经济活动全面审查后做出的客观评价。

三、审计报告的分类

(一) 无保留意见的审计报告

无保留意见是指注册会计师对被审计单位的会计报表，依照中国注册会计师独立审计准则的要求进行审查后确认：被审计单位采用的会计处理方法遵循了会计准则及有关规定；会计报表反映的内容符合被审计单位的实际情况；会计报表内容完整、表述清楚、无重要遗漏；报表项目的分类和编制方法符合规定要求，因而对被审计单位的会计报表无保留地表示满意。无保留意见意味着注册会计师认为会计报表的反映是合法、公允和一贯的，能满足非特定多数利害关系人的共同需要。

(二) 保留意见的审计报告

保留意见是指注册会计师对会计报表的反映有所保留的审计意见。注册会计师经过审计后，认为被审计单位会计报表的反映就其整体而言是恰当的，但还存在着下述情况之一时，应出具保留意见的审计报告：个别重要财务会计事项的处理或个别重要会计报表项目的编制不符合《企业会计准则》和国家其他有关财务会计法规的规定，且被审计单位拒绝进行调整；因审计范围受到局部限制，无法按照独立审计准则的要求取得应有的审计证据；个别会计处理方法的选用不符合一贯性原则。

(三) 否定意见的审计报告

否定意见是指与无保留意见相反，认为会计报表不能合法、公允、一贯地反映被审计单位财务状况、经营成果和现金流动情况。注册会计师经过审计后，认为被审计单位的会计报表存在下述情况时，应当出具否定意见的审计报告：会计处理方法的选用严重违反《企业会计准则》和国家其他有关财务会计法规的规定，且被审计单位拒绝进行调整；会计报表严重歪曲了被审计单位的财务状况、经营成果和现金流动情况，且被审计单位拒绝进行调整。

(四) 无法 (拒绝) 表示意见的审计报告

无法 (拒绝) 表示意见是指注册会计师对被审计单位会计报表的合法性、公允性和一贯性无法或拒绝发表意见。注册会计师在审计过程中，审计范围受到委托人、被审计单位或客观环境的严重限制，不能获取必要的审计证据，以致无法对会计报表整体反映发表审计意见时，应当出具无法 (拒绝) 表示意见的审计报告。

四、审计报告的要素

审计报告应当包括下列要素。

(一) 标题

审计报告的标题应当统一规范为"审计报告"。

考虑到这一标题已广为社会公众所接受，因此，我国注册会计师出具的审计报告中标题没有包含"独立"两个字，但注册会计师在执行财务报表审计业务时，应当遵守独立性的要求。

(二) 收件人

审计报告的收件人是指注册会计师按照业务约定书的要求送至审计报告的对象，一般是指审计业务的委托人。审计报告应当载明收件人的全称。

注册会计师应当与委托人在业务约定书中约定送至审计报告的对象，以防在此问题上发生分歧或审计报告被委托人滥用。针对整套通用目的财务报表出具的审计报告，审计报告的送至对象通常为被审计单位的全体股东或董事会。

(三) 引言段

审计报告的引言段应当说明被审计单位的名称和财务报表已经过审计，并包括下列内容：

(1) 指出构成整套财务报表的每张财务报表的名称。

(2) 提及财务报表附注。

(3) 指明财务报表的日期和涵盖的期间。

根据企业会计准则规定，整套财务报表的每张财务报表的名称分别为资产负债表、利润表、所有者(股东)权益变动表和现金流量表。此外，附注是财务报表不可或缺的重要组成部分，因此，也应提及财务报表附注。财务报表有反映时点的，有反映期间的，注册会计师应在引言段中指明财务报表的日期或涵盖的期间。

(四) 管理层对财务报表的责任段

管理层对财务报表的责任段应当说明，按照适用的会计准则和相关会计制度的规定编制财务报表是管理层的责任，这种责任包括如下内容。

(1) 设计、实施和维护与财务报表编制相关的内部控制，以使财务报表不存在舞弊或错误而导致的重大错报。

(2) 选择和运用恰当的会计政策。

(3) 做出合理的会计估计。

在审计报告中指明管理层的责任，有利于区分管理层和注册会计师的责任。

(五) 注册会计师的责任段

注册会计师的责任段应当说明下列内容。

(1) 注册会计师的责任是在实施审计工作的基础上对财务报表发表审计意见。注册会计师按照中国注册会计师审计准则的规定执行审计工作。中国注册会计师审计准则要求注册会计师遵守职业道德规范，计划和实施审计工作以对财务报表是否不存在重大错报获取合理保证。

(2) 审计工作涉及实施审计程序，以获取有关财务报表金额和披露的审计证据。选择的审计程序取决于注册会计师的判断，包括对由于舞弊或错误导致的财务报表重大错报风险的评估。在进行风险评估时，注册会计师考虑与财务报表编制相关的内部控制，以设计恰当的审计程序，但目的并非对内部控制的有效性发表意见。审计工作还包括评价管理层选用会计政策的恰当性和做出会计估计的合理性，以及评价财务报表的总体列报。

(3) 注册会计师相信已获取的审计证据是充分、适当的，为其发表审计意见提供了基础。

理解注册会计师的责任段内容时，应当注意以下几点：

第一段内容阐明注册会计师的责任、注册会计师执行审计业务的标准及审计准则对注册会计师提出的核心要求；同时向财务报表使用者说明，注册会计师应当计划和实施审计工作以对财务报表是否不存在重大错报获取合理保证。不存在重大错报，是指注册会计师认为已审计的财务报表不存在影响财务报表使用者决策的错报。合理保证是指注册会计师通过不断修正的、系统的执业过程，获取充分、适当的审计证据，对财务报表整体发表审计意见，提供的是一种高水平但非百分之百的保证。

第二段内容阐明注册会计师执行审计工作的主要过程，包括运用职业判断实施风险评估程序、控制测试（必要时或决定测试时）及实质性程序。

第三段内容阐明注册会计师通过实施审计工作，获取了充分、适当的审计证据，具备了发表审计意见的基础。

（六）审计意见段

1.审计意见段的内容

审计意见段应当说明财务报表是否按照适用的会计准则和相关会计制度的规定编制，是否在所有重大方面公允地反映了被审计单位的财务状况、经营成果和现金流量。

2.无保留意见的审计报告

如果认为财务报表符合下列所有条件，注册会计师应当出具无保留意见的审计报告。

（1）财务报表已经按照适用的会计准则和相关会计制度的规定编制，在所有重大方面公允地反映了被审计单位的财务状况、经营成果和现金流量。

（2）注册会计师已经按照中国注册会计师审计准则的规定计划和实施审计工作，在审计过程中未受到限制。

当出具无保留意见的审计报告时，注册会计师应当以"我们认为"作为意见段的开头，并使用"在所有重大方面""公允反映"等术语。

无保留意见的审计报告意味着注册会计师通过实施审计工作，认为被审计单位财务报表的编制符合合法性和公允性的要求，合理保证财务报表不存在重大错报。

3.标准审计报告

当注册会计师出具的无保留意见的审计报告不附加说明段、强调事项段或任何修饰性用语时，该报告称为标准审计报告。

标准审计报告包含的审计报告要素齐全，属于无保留意见，且不附加说明段、强调事项段或任何修饰性用语；否则，不能称为标准审计报告。

(七) 注册会计师的签名和盖章

审计报告应当由注册会计师签名并盖章。

注册会计师在审计报告上签名并盖章，有利于明确法律责任。《财政部关于注册会计师在审计报告上签名盖章有关问题的通知》(财会〔2001〕1035号) 中明确规定:

一、会计师事务所应当建立健全全面质量控制政策与程序以及各审计项目的质量控制程序，严格按照有关规定和本通知的要求在审计报告上签名盖章。

二、审计报告应当由两名具备相关业务资格的注册会计师签名盖章并经会计师事务所盖章方为有效。

(一) 合伙会计师事务所出具的审计报告，应当由一名对审计项目负最终复核责任的合伙人和一名负责该项目的注册会计师签名盖章。

(二) 有限责任会计师事务所出具的审计报告，应当由会计师事务所主任会计师或其授权的副主任会计师和一名负责该项目的注册会计师签名盖章。

(八) 会计师事务所的名称、地址及盖章

审计报告应当载明会计师事务所的名称和地址，并加盖会计师事务所公章。

根据《中华人民共和国注册会计师法》的规定，注册会计师承办业务，由其所在的会计师事务所统一受理并与委托人签订委托合同。因此，审计报告除了应由注册会计师签名并盖章外，还应载明会计师事务所的名称和地址，并加盖会计师事务所公章。

注册会计师在审计报告中载明会计师事务所地址时，标明会计师事务所所在的城市即可。在实务中，审计报告通常载于会计师事务所统一印刷的、标有该所详细通信地址的信笺上，因此，无须在审计报告中注明详细地址。此外，根据有关部门规定，在主管登记机关管辖区内，已登记注册的企业名称不得相同。因此，在同一地区内不会出现重名的会计师事务所。

(九) 报告日期

审计报告应当注明报告日期。审计报告的日期不应早于注册会计师获

取充分、适当的审计证据（包括管理层认可对财务报表的责任且已批准财务报表的证据），并在此基础上对财务报表形成审计意见的日期。

注册会计师在确定审计报告日期时，应当考虑：①应当实施的审计程序已经完成；②应当提请被审计单位调整的事项已经提出，被审计单位已经做出调整或拒绝做出调整；③管理层已经正式签署财务报表。

审计报告的日期非常重要。注册会计师对不同时段的资产负债表日后事项有着不同的责任，而审计报告的日期是划分时段的关键时点。在实务中，注册会计师在正式签署审计报告前，通常把审计报告草稿和已审计财务报表草稿一同提交给管理层。如果管理层批准并签署已审计财务报表，注册会计师即可签署审计报告。注册会计师签署审计报告的日期通常与管理层签署已审计财务报表的日期为同一天，或晚于管理层签署已审计财务报表的日期。在审计报告日期晚于管理层签署已审计财务报表日期时，注册会计师应当获取自管理层声明书日到审计报告日期之间的进一步审计证据，如补充的管理层声明书。

结束语

在完成《财务管理与审计研究》的写作工作之后，我感到无比欣慰。这本书是我多年从事财务管理和审计研究的心血结晶，也是我对财务管理和审计领域的一次深入探索。在此，我想对所有支持和帮助过我的人表示衷心的感谢。

首先，我要感谢我的家人。他们一直以来的支持和鼓励，使我能够全心地投入这项工作。在我遇到困难和疲惫时，是他们的关怀和鼓励让我重新振作起来。

其次，我要感谢我的同事们。他们提供了许多有价值的意见和建议，使我在写作过程中不断修正和完善。同时，他们的专业素养和严谨态度也对我产生了深远的影响，让我更加敬重和热爱这个行业。

再次，我要感谢我的导师和领导们。他们在我研究过程中给予了悉心的指导和帮助，使我在财务管理和审计领域不断成长和进步。他们的教诲和经验，让我受益匪浅。

回顾这次深入探讨财务管理与审计的过程，我更加深刻地理解了这两个领域的紧密关系和相互作用。未来，我将继续关注财务管理与审计的最新动态，积极应对新的挑战和机遇。我期待更多的专业人士加入这个领域，共同推动财务管理与审计的发展。

参考文献

[1] 刘璐.人工智能对企业财务会计工作的影响分析[J].商场现代化，2024(6)：155-158.

[2] 傅燕萍.大数据背景下企业财务管理数字化转型的探讨[J].商场现代化，2024(6)：159-161.

[3] 李晓静.新时代数智化企业财务管理工作领域的思考[J].商场现代化，2024(6)：168-170.

[4] 刘文静.企业财务会计与管理会计融合路径[J].商场现代化，2024(6)：174-176.

[5] 李朋颖.业财融合对企业财务管理转型的作用与发展路径[J].商场现代化，2024(6)：180-182.

[6] 王丽雯.事业单位内部审计的优化探讨[J].中国农业会计，2024，34(5)：68-70.

[7] 王莉.内部审计在事业单位内控管理中的作用研究[J].财会学习，2024(6)：101-103.

[8] 侯婷婷.论事业单位会计内部控制制度建设[J].市场周刊，2024，37(6)：111-114.

[9] 王宇.事业单位财会内控管理薄弱环节及改进措施的探究[J].财经界，2024(6)：135-137.

[10] 万思言.浅谈事业单位财政预算资金存在的问题及解决对策[J].中国乡镇企业会计，2024(2)：43-45.

[11] 李悦.事业单位内部审计促进内部控制制度建设的思考[J].投资与合作，2024(2)：192-195.

[12] 刘越超.事业单位内部审计存在的问题与对策[J].今日财富，2024(5)：110-112.

[13] 葛新艳. 事业单位财务内控制度存在的问题及对策 [J]. 今日财富, 2024(5)：92-94.

[14] 张敏. 事业单位审计工作标准化体系建设策略分析 [J]. 财经界, 2024(5)：141-143.

[15] 孙雯. 企业财务内部控制与风险防范探讨 [J]. 中国市场, 2024 (4)：175-178.

[16] 房晓斌. 事业单位财会监督的强化路径讨论 [J]. 财会学习, 2024(4)：83-85.

[17] 王鑫. 财务管理中的资金流量管理与预测研究 [J]. 中国集体经济, 2024(5)：146-149.

[18] 徐芬. 事业单位财务风险管理的策略与思路 [J]. 理财, 2024 (2)：32-33.

[19] 潘玮. 事业单位经济责任审计浅议 [J]. 中国产经, 2024(2)：53-55.

[20] 程波. 事业单位往来账款管理探讨 [J]. 中国总会计师, 2024 (1)：168-171.

[21] 李娜. 事业单位会计监督与内部审计协同运行的有效机制 [J]. 纳税, 2024，18(3)：46-48.

[22] 吕凌云. 事业单位财务内部控制制度设计与实施研究 [J]. 财经界, 2024(2)：111-113.

[23] 沈海. 业财融合模式下企业财务管理创新研究 [J]. 财经界, 2024(2)：123-125.

[24] 张甜. 大数据在财务决策中的应用与效益分析 [J]. 财讯, 2024 (1)：183-185.

[25] 刘玉婷. 业财融合在企业财务管理转型中的应用分析 [J]. 中国市场, 2024(1)：139-142.

[26] 付世春. 财务共享服务模式下的财务流程再造和对财务角色的影响研究 [J]. 中国集体经济, 2024(01)：153-156.

[27] 管灵芝. 创新企业财务管理提升企业管理水平 [J]. 财经界, 2023(36)：87-89.

[28] 李斌斌. 财务共享模式下企业财务风险管控分析 [J]. 老字号品牌营

销，2023(24)：114–116.

[29] 周莉.事业单位财务管理存在的问题及其对策探讨[J].天津经济，2023(12)：52–54.

[30] 唱杨，姜昕.财务报表中预测性财务信息披露研究[J].老字号品牌营销，2023(21)：51–53.

[31] 冷冬署.企业筹资管理的必然性和要求探析构建[J].财讯，2023(19)：52–54.

[32] 邓福华.机构改革背景下的财务实践工作研究[J].财会学习，2023(28)：4–6.

[33] 闵明燕.内部审计视角下公司应收账款管理与风险防范研究[J].今日财富(中国知识产权)，2023(9)：56–58.

[34] 刘翠霞.应收账款审计方法研究[J].理财，2023(7)：72–74.

[35] 谯颖.试论企业财务管理中的筹资策略[J].中小企业管理与科技，2023(8)：167–169.

[36] 李红.浅谈对CDC机构应急财务管理的探究[J].中国乡镇企业会计，2023(4)：70–72.

[37] 秦哲.应收账款审计存在的问题与措施[J].纳税，2023，17(9)：52–54.

[38] 彭麟.物业公司营业收入审计风险分析和应对策略探析[J].商讯，2023(1)：156–159.

[39] 李海凤.信息化环境下应收账款的风险控制[J].河北冶金，2022(12)：87–90.

[40] 杨峰，文士浩.应收账款经典舞弊手段及其审计策略[J].关东学刊，2022(6)：39–48.

[41] 李瑶.加强建设项目资金管理降低建设项目筹资成本[J].中国管理信息化，2022，25(20)：25–27.

[42] 袁旭.应收账款审计问题研究[D].长春：吉林财经大学，2022.

[43] 陈俊杰.论应收账款的审计风险[J].营销界，2022(8)：164–166.

[44] 陈文霞.中小企业营业收入审计的主要风险、常见问题及对策分析[J].商场现代化，2021(24)：153–155.

[45] 贾胜欣.浅谈如何开展应收账款内部审计 [J]. 西部财会，2021（10）：78-80.